JULIO CÉSAR

Colección
Grandes Biografías

© EDIMAT LIBROS, S.A.
C/ Primavera, 35 Pol. Ind. El Malvar
Arganda del Rey - 28500 (Madrid) España
www.edimat.es

Título: *Julio César*
Diseño de cubierta: *Juan Manuel Domínguez*

Dirección de la obra:
FRANCISCO LUIS CARDONA CASTRO
Doctor en Historia por la Universidad de
Barcelona y Catedrático

Coordinación de textos:
MANUEL GIMÉNEZ SAURINA
MANUEL MAS FRANCH
MIGUEL GIMÉNEZ SAURINA

ISBN: 84-8403-867-X
Depósito legal: M-29520-2003

Imprime: *Gráficas COFÁS, S. A.*

IMPRESO EN ESPAÑA - PRINTED IN SPAIN

INTRODUCCIÓN

Cayo Julio César fue uno de los hombres más grandes de la Antigüedad. Su nombre puede ir, y de hecho va, unido al de Alejandro Magno, Pericles e, ineludiblemente y por otros motivos, al de Cleopatra, de la que se puede establecer un paralelismo con la reina de Saba: si ésta conquistó al rey Salomón, aquélla conquistó a Julio César.

Por otro lado, el nombre de César irá siempre unido, a las Galias, que dominó y conquistó, así como al paso del Rubicón, a la batalla de Farsalia, y a muchos otros hechos, que se verán a lo largo de esta biografía del gran dictador romano.

Tal vez, no obstante, el mayor título que quepa darle a Julio César sea el de escritor. En efecto, ¿quién no ha oído hablar al menos de su obra Comentarios a la guerra de la Galias? *¿Qúe estudiante de latín, por principiante que fuere, no se ha visto obligado a traducir algunos fragmentos de esa obra?*

Por consiguiente, hay que considerar a Cayo Julio César, aparte de todo lo que fue en su vida política y privada, como un gran escritor de la antigua Roma, por ser el autor de una obra histórica, de valor inapreciable, al menos tan popular y difundida como los Discursos *de Cicerón, o el* Satiricón *de Petronio.*

Otra de sus obras más afamadas y conocidas es Comentarios a la guerra civil, *y ésta, junto a la anterior, constituyen unos documentos valiosísimos para la historia de estos dos capitales períodos de la vida del dictador, y al mismo tiempo verdaderos modelos del género autobiográfico.*

Entre ambos libros se contienen la historia de los siete primeros años de la guerra de las Galias, dividida en siete partes, y la historia de la guerra civil hasta el comienzo de la guerra de Alejandría, en tres partes.

Sin embargo, ninguna de ambas obras llega a completar ni la guerra de las Galias, ni la guerra civil. La historia de la primera fue terminada en una parte octava, atribuida generalmente a su colaborador Aulo Hircio, y la historia de las guerras de Alejandría, de África y de España o Hispania, se escribió en tres libros, por separado, que también se atribuyen a Hircio, pero cuyo verdadero autor se desconoce.

Mucho, muchísimo, se ha escrito sobre Julio César, y muchísimo se seguirá escribiendo, puesto que la vida de los grandes hombres que forjaron la historia de la Humanidad, con sus aciertos y sus desaciertos, con sus bondades y sus tiranías, no pueden borrarse jamás de la memoria de los hombres, y siempre habrá y ha habido un escritor decidido a recordárnoslos.

Por eso, con nuestra modestia y nuestra sincera admiración hacia el héroe, hemos trazado esta biografía, como homenaje veraz de quien supo elevar la gloria de la antigua Roma a las cotas más altas a que puede llegar una nación en todos los tiempos y en todas las circunstancias. Y así, en las siguientes páginas veremos cuál fue la talla y cuáles los hechos más sobresalientes de Julio César.

Bibliografía

CARCOPINO, J.: *Julio César*, Rialp, Madrid, 1974.
HOMO, LEÓN: *Nueva historia de Roma*, Ed. Iberia, Barcelona, 1955.
— *El Imperio Romano*, Espasa Calpe, Madrid, 1961.

JULIO CÉSAR, CAYO: *Comentarios sobre la Guerra de las Galias
y la Guerra Civil*, según la versión del canónigo Joseph Goya
y Muniain. Círculo del Bibliófilo, Barcelona, 1978. 2 vols.
— *La Guerra de las Galias*, Ed. Bruguera, Barcelona, 1968.
KOCH, JULIUS: *Historia de Roma*, Ed. Labor, Barcelona, 1950.
NAPOLÉON III: *Historia de Julio César,* 2 vols., Plon, París,
1855-56.
OPPERMANN, H.: *Julio César*, Ed. Salvat, Barcelona, 1985.
PERICOT, LUIS y BALLESTER, RAFAEL: *Historia de Roma*,
Montaner y Simón, Barcelona, 1963.
PLUTARCO: *Alejandro y César*, Salvat, Barcelona, 1970.
ROLDÁN, J. M.: *La república romana*, Cátedra, Madrid, 1981.
WALTER, G.: *Julio César*, Grijalbo, Barcelona, 1962.

CAPÍTULO I

JUVENTUD DE JULIO CÉSAR

Cayo Julio César nació el 12 del mes de Quintilis (más adelante llamado Julius en su honor), del año 100 a. C., si bien sobre esta fecha, y ello es natural tratándose de aquella época, hay ciertas controversias, pues el grave peligro a que se exponen corrientemente los escritores de la antigüedad, cuando les falta la conciencia y la penetración filológicas indispensables, es dejarse apartar de la realidad por las interpretaciones que ésta ha recibido. A menudo, la erudición los aleja de la ciencia y la superabundancia de sus lecturas termina por enmascarar la auténtica lección de los hechos.

Sin embargo, si aceptamos la fecha del año 100 a. C., sabremos que era seis años más joven que Pompeyo y que Cicerón.

A César le unían, incluso por motivos familiares, fuertes lazos al partido popular, como el matrimonio de su abuela Julia con el gran Cayo Mario (156 a 86 a. de C.), y en el año 83 a. C., cuando él contaba sólo diecisiete años de edad, su casamiento con Cornelia, hija de Lucio Cornelio Cinna, jefe principal del partido de Mario.

Retrocediendo unos años, diremos que Caesar o César era el nombre de una familia patricia de la *gens Julia*, que hacía remontar su origen a Ascanio Iulio, hijo del legendario príncipe de Troya, Eneas, y nieto de la diosa Venus.

Relativo al nombre

Los autores de la Antigüedad le dan diversas etimologías a este nombre, si bien lo más probable es que esté relacionado con la palabra latina *Cae saries* y con la sánscrita *Késa* (cabellera) (lo cual no le sentaría muy bien a Julio César, puesto que desde edad muy juvenil fue casi calvo), por estar de acuerdo con la costumbre romana de que el sobrenombre dado a un individuo recordase alguna particularidad exterior de su persona[1].

Ese nombre tan particular tuvo fortuna a partir del dictador Cayo Julio César. Su hijo adoptivo, Augusto, lo añadió al suyo propio y se lo transmitió a su hijo, también adoptivo, Tiberio.

Luego, siguió siendo ostentado por Calígula y Nerón, ya como miembros adoptivos o bien por descendencia femenina de la familia César.

Sin embargo, a pesar de que la familia se extinguió con Nerón, los emperadores que fueron sucediéndose conservaron siempre este nombre como parte del título, y la costumbre fue colocarlo delante del nombre propio, como por ejemplo: Imperatur Cae sar Domitianus Augustus.

Cuando Adriano adoptó a Elio Vero le permitió tomar el título de César y desde entonces, si bien el título de Augusto continuó dándose al príncipe reinante, el de César se conservó en la segunda persona del Estado, y en el presunto heredero del trono.

La niñez de César

Es sabido que en aquellos tiempos, las calles de Roma eran el lugar preferido para las reuniones de los ciudadanos

---

[1] INDRO MONTANELLI: *Historia de Roma,* Plaza y Janés, Barcelona, 1963.

Julio César, un gran dictador y a la vez un gran escritor.

romanos. Pasaban gran parte del día fuera de sus casas, por lo demás bastante infectas para el pueblo común (se dice que el incendio de Roma, en tiempos de Nerón, si bien pudo ser producido por los cristianos para desacreditar al emperador amante de la lira, éste aprovechó la oportunidad para reconstruir todo el barrio incendiado, que no más destruyó el fuego, a fin de hermosear la capital del imperio. Lo que justificaría nuevamente el refrán de que «no hay mal que por bien no venga»).

Volviendo a nuestro héroe, Cayo Julio César, diremos que es natural también que los niños correteasen y jugasen por las calles de Roma, y entre dichos niños sobresalía la figura de Cayo Julio. Sus ademanes señoriales revelaban claramente su origen aristocrático, si bien su aspecto físico dejase mucho que desear, y no hacía pensar en el personaje cumbre que llegaría a ser en un todavía lejano día.

Sus padres le dedicaban ya a la oratoria y la elocuencia, afamadas como disciplinas pedagógicas en aquella época, como herencia de los griegos, y precisamente las condiciones físicas del mozalbete estaban muy en armonía con tales disciplinas.

Desde muy joven, César dio muestras de sus deseos de triunfo. Ansiaba romper la barrera del anonimato y estaba convencido de que la unión de las fuerzas físicas e intelectuales era una condición previa e indispensable para dicho triunfo.

A veces llegaba a arrojarse al río Tíber, especialmente cuando sus aguas bajaban torrencialmente, para atravesarlo a nado, luchando contra las olas embravecidas, a fin de triunfar contra los elementos desencadenados de la Naturaleza.

Todos los demás muchachos le consideraban un temerario, cuando no un loco. Pero estaban en un grave error. César, desde pequeño, medía y calculaba todos sus actos cuidadosamente, sopesando los pros y los contras de sus acciones. Fue todo esto lo que le hizo destacar sobre sus compañeros, si bien también trataba de ocultar sus ambiciones a los ojos de los demás. César ansiaba el poder por encima de todas las cosas, y pensaba que es lo único capaz de construir maravillas. Su mirada se tornaba a veces soñadora y, pensando en el futuro, se decía:

«¡Seré un héroe! ¡Dominaré al imperio! ¡Sí, lo dominaré!»

Sila, el dictador

Fue en el año 82 a. C., cuando Sila, aristócrata, entró triunfalmente en Roma tras haber vencido en la guerra civil que se había entablado entre él y el general Mario, jefe del partido popular, el mismo al que, por razones familiares, pertenecía César.

Sila, al instante, castigó con mano durísima a cuantos se habían opuesto a él, confiscando sus bienes y dictando penas de muerte a diestro y siniestro.

Julio César, con sus pocos años, comprendió el peligro en que se hallaba por causa de su pertenencia a la poderosa familia Julia, sobre la que pesaban las leyes de proscripción dadas por Sila.

Pero César, en vez de asustarse, llamó la atención del dictador casándose con Cornelia, hija de Cinna, que había sido uno de los más violentos enemigos de Sila.

Éste, en efecto, al enterarse de tal boda, llamó a Cornelia, ordenándole que se separase de Julio César, y al ver que la joven no estaba dispuesta a obedecerle, llamó al propio César, por medio de un mensajero, el cual ya le conminó a que pidiese la separación de su esposa.

Naturalmente, César no aceptó tal orden. Y Sila, creyendo que César no era más que un joven arrogante que no debía infundirle ningún temor, se limitó a confiscar la dote de Cornelia, juzgando que esto era suficiente castigo para la joven pareja.

Pero Julio César no tardó en demostrar que era un enemigo de gran talla, no sólo para Sila sino para cuantos se opusieran a sus ambiciones.

La huida de Roma

La simpatía que César no ocultaba por los partidarios de Mario despertó las iras de Sila, pese a no albergar demasiados recelos hacia aquél, al que calificaba de «joven insolente». Y César se paseaba tranquilamente por las calles de Roma, desafiando al dictador. Sin embargo, los amigos de Cayo Julio César empezaron a temer por su suerte. Nadie era capaz de prever las reacciones de Sila, quien había dado ya muchas pruebas de hasta dónde llegaba su crueldad con quienes osaban oponerse a él.

Así, acuciado por unos y por otros, y pensando que a veces una huida a tiempo es una victoria, César consintió en exiliarse de Roma, y durante algún tiempo se escondió en el país de los sabinos, hasta que sus amigos y deudos obtuvieron el perdón definitivo de Sila, quien observó, al serle alegada la juventud de César, «que ese joven sería algún día la ruina de la aristocracia porque en él hay más de un Mario».

Sin embargo, considerándose aún poco seguro en Roma, Julio César pasó a Asia, donde hizo sus primeras armas a las órdenes de M. Minucio Tormo, y en la toma de Mitilene (año 80 a. C.), recibiendo una corona cívica por haber salvado la vida a un compañero.

Regreso a Roma

Al morir Sila regresó a Roma (78 a. C.), y al año siguiente adquirió gran renombre como orador, cuando todavía no había cumplido los veintitrés años, en el proceso contra Cneo Cornelio Dolabela por las exacciones a que tenía sometida su provincia de Macedonia.

Después, con el fin de perfeccionarse en la oratoria, se marchó a Rhodas con el objeto de estudiar con Apolonio Milón. Y fue entonces cuando le sucedió la tan conocida aventura con los piratas, que tanta fama le dio.

CAPÍTULO II

LA AVENTURA DE LOS PIRATAS

En aquella turbulenta época, el mar Mediterráneo se hallaba infestado de piratas que, aprovechándose de los turbios manejos de las guerras civiles y las luchas intestinas de Roma, hacían pingües negocios con sus correrías.

Eran tan poderosos que poseían embarcaciones de remos de plata y proas doradas. Vivían en sus barcos con la misma suntuosidad que los legendarios rajás de la India. Y eran tan atrevidos y numerosos que al final formaron casi un auténtico Estado con jefes, gobernadores y hasta leyes propias. Tenían arsenales, barcos mercantes, atacaban a las ciudades y secuestraban a personajes de alcurnia y riqueza, para cobrar por ellos crecidos rescates.

El relato de Plutarco

Fueron Plutarco y Suetonio quienes dieron cuenta de la aventura de Julio César con algunos de esos piratas.

Narra Plutarco que cuando en alguno de los barcos que apresaban encontraban a alguien que aseguraba ser ciudadano romano (la ciudadanía romana era como un pasaporte por doquier, y concedía al privilegiado una categoría superior a la de todos los demás mortales), se burlaban de él, fingiéndose muy respetuosos y se arrodillaban ante el incauto, pidiéndole perdón por el error cometido.

Después, le vestían con una toga, para que en lo sucesivo pudiese darse a conocer como ciudadano romano y, a continuación y siguiendo la broma, colocaban una escala junto a la borda, invitándole a bajar al agua para continuar su viaje hasta Roma, y si se negaba a ello, lo arrojaban al mar de cabeza entre las risotadas de toda la tripulación.

Y cuenta Suetonio, si no el mejor, sí el biógrafo más próximo a César, que una de tales embarcaciones apresó la galera en la que viajaba Julio. El abordaje tuvo lugar sin que los marineros romanos ofreciesen una resistencia desesperada a aquellos expertos en el pillaje. Unos minutos más tarde, todos, pasajeros y tripulación, fueron conducidos a la nave pirata para ser encadenados a los remos unos y otros a esperar que sus familiares y amigos abonaran el rescate que por ellos fijasen los jefes corsarios.

Al aparecer, el jefe de los piratas calculó que Julio César valía, al menos, veinte talentos[1].

Pero César sorprendió a tal jefe al replicar:

—Os habéis equivocado conmigo. Mi categoría es mucho mayor de la que me habéis otorgado. No quiero perjudicaros. Mi precio no son veinte talentos sino cincuenta, que es lo que os darán por mi persona.

Todos los piratas rieron, pero César insistió en sus palabras, añadiendo:

—No permite mi orgullo ser catalogado tan bajo.

—De acuerdo —sonrió el jefe de los piratas—, puesto que tal es tu deseo, pediremos por ti cincuenta talentos, pero como me eres muy simpático, aunque tus amigos no den por ti más que los veinte talentos, también quedarás en libertad.

---

[1] El talento era una moneda imaginaria utilizada por griegos y romanos. En Grecia valía sesenta minas y en Roma cien ases. Su valor actual sería de unos seiscientos euros aproximadamente.

—Como gustes, pero —añadió César con voz de trueno—, te advierto que más adelante os colgaré a todos de los palos de esta misma nave.

Después, César envió mensajes a todos sus amigos y parientes para obtener el dinero del rescate, y se quedó entre los piratas con sólo dos criados y un amigo.

> *Pese a lo difícil de la situación, César se instaló entre los piratas como si fuese un invitado, y casi un amo. Los piratas, asombrados ante aquella gallardía y aquella casi temeridad, acabaron por profesarle cierto afecto, acrecentado por la edad del prisionero.*
>
> *Estuvo entre los piratas treinta y ocho días, durante los cuales efectuó varios experimentos, como, por ejemplo, reunirlos a su alrededor obligándoles a estar callados. Entonces, les dirigía la palabra para ver qué impresión le causaban sus discursos. Y sobre todo, qué efecto le producían a él mismo. Los piratas, gente torpe e inculta, no solían entenderle y entonces los increpaba furioso[2].*

Finalmente, llegó el dinero del rescate y César le entregó al jefe de los piratas los cincuenta talentos prometidos. El pirata, por su parte, cumplió la palabra dada y puso en libertad a Julio César y a sus hombres. Luego, se rió de la amenaza proferida por César, según la cual le colgaría a él y a sus hombres de los palos de su misma nave.

La promesa de César

Cuando se vio en libertad, César se apresuró a ir a Mileto, donde reclutó gente y armas, equipando varias embarcaciones.

---

[2] C. SUETONIO: *Los doce Césares,* Ed. Bruguera, Barcelona, 1968.

Después, sin perder tiempo, se dirigió a la isla de Farmacusa, en la que había estado prisionero y donde suponía que aún estarían los piratas.

Su llegada cogió totalmente desprevenidos a los corsarios, los cuales no tardaron en ser apresados, con las sogas al cuello.

—Llevad a esa gentuza a la prisión de Pérgamo —ordenó César a sus hombres—. Deseo cumplir con la ley y los pondré a disposición de Junio, a quien compete el castigo de esos canallas.

Sin embargo, César sacó una de sus más valiosas experiencias de su entrevista con Junio, puesto que éste no prestó ninguna atención al asunto de los piratas, aunque sí a lo referente a sus tesoros, y sin permitir que César se opusiera, los pidió para sí.

—Muy bien, Cayo Julio —le felicitó Junio—, obraste perfectamente, y en Roma se sentirán orgullosos de ti. No sólo has eliminado a unos peligrosos piratas, sino que lograste conquistar para la patria un tesoro que enriquecerá su erario. Entrégamelo, pues, para que lo haga llegar a Roma.

Pero César tenía una idea fija en la mente.

—¿Y los piratas, Junio? ¿Cuándo y cómo vas a castigarlos?

—Bah, eso no tiene importancia...

A Junio lo único que le importaba era el tesoro. Y César le entregó algunas de aquellas riquezas, aunque conservó para sí una parte sustanciosa de las mismas.

Luego, al ver que transcurrían los días sin que Junio adoptase ninguna disposición respecto a los piratas, prescindió del permiso de Junio y volvió a Pérgamo, donde fue muy bien recibido por los habitantes de la ciudad.

Una vez allí, ordenó sacar a los piratas de la prisión, y les hizo otro discurso, el último que escucharían en su vida.

Acto seguido, a una señal suya, unos soldados se apresuraron a colgar a los piratas de los palos de su nave, que estaba en el puerto.

Sila advirtió en el joven Julio César la futura «ruina dela aristocracia».

Cuando esta noticia llegó a Roma, todo el pueblo sintió aumentar el aprecio que ya experimentaba por Cayo Julio César, el que había sido enemigo de Sila.

Ya de vuelta a Roma, empleó todas sus energías en obtener el favor del pueblo, cosa que obtuvo, puesto que sus liberalidades no tenían fin, y como su fortuna personal no permitía tales dispendios, contrajo enormes deudas.

Sin embargo, consiguió sus propósitos, llegando a ser el personaje favorito del pueblo, que lo fue elevando, sucesivamente, a las más altas dignidades del Estado. De esta manera, fue nombrado cuestor en el 68 a. C., gastó sumas considerables en los juegos públicos y en construcciones, y acabó siendo elegido sumo pontífice en el 63 a.C.

Fue en aquel tiempo cuando tuvo lugar la conjuración de Lucio Sergio Catilina, en la que si bien no tomó parte César, sí gracias a la misma tuvo un papel destacado en el Senado.

CAPÍTULO III

LA CONJURACIÓN DE CATILINA

Transcurrían los años y Julio César no lograba realizar sus ambiciones de mando y poder. Su gesto al colocar las estatuas de Mario en el Capitolio, hizo renacer contra él los odios de los antiguos partidarios de Sila, que miraban con prevención sus simpatías por el partido popular.

Mientras tanto, otro prohombre, Pompeyo, cada vez más favorecido por la fortuna, acumulaba lauro tras lauro, derrotando a Mitrídates en Oriente, conquistando el Ponto, Bitinia y Siria, convirtiéndolas en provincias romanas. Asimismo, limpió el Mediterráneo de los piratas que infestaban sus límpidas y sosegadas aguas.

Toda la gloria conquistada por Pompeyo le dolía a César como las espinas de una rosa ceñida a sus sienes. Fue en ese momento crucial cuando Catilina le abordó, tratando de hacerle entrar en su vasta conspiración.

César prestó oído atento a las palabras de Lucio Sergio Catilina mas, pese a que sabía que un cambio político le beneficiaría sobremanera, no quiso formar parte del grupo de conspiradores.

Sabía, además, que Catilina no conspiraba por amor a la patria sino por medro personal, y esto a César, pese a no ser un verdadero idealista, cosa que nunca fue, le repelía en lo más hondo de su conciencia.

Catilina, por su parte, contaba ya con los aventureros políticos más audaces de Roma, pero Julio César no dudó en rechazar su propuesta.

Sin embargo, no le despidió con un desaire sino que, haciéndose eco de las ideas que, al parecer, sustentaba el conspirador, le dio a entender que no pensaba renunciar a su posición más bien muelle en Roma y frente al Senado, aunque le prometió que no le denunciaría en modo alguno.

No pasó mucho tiempo sin que los senadores se enterasen de los planes subversivos de Catilina, y así enviaron a sus emisarios para prenderle, junto con sus seguidores.

Pero Catilina, avisado a tiempo, logró huir de Roma, por lo que sólo cayeron en manos de la justicia romana Léntulo y Cetego. Ambos fueron conducidos ante el Senado.

Era tan clara su participación en el intento de golpe de Estado, que cuando Cicerón se levantó en el Senado, propuso la ejecución inmediata de ambos traidores. Luego, preguntó, por puro formulismo, a los demás senadores, cuál era su opinión.

La oposición de César

Fue César el único en el Senado que no estuvo conforme con la petición de Cicerón. Se levantó y cuando tuvo concedido el uso de la palabra, efectuó un discurso sobrio y comedido, no en defensa de Catilina, puesto que tal cosa no era posible, pero sí tal vez creyendo que al defender la vida de los conspiradores defendía la suya, ya que, enterado de la conjura, no había presentado la correspondiente denuncia en su momento.

César, por lo tanto, abogó, no por la muerte expeditiva pedida por «el ilustre Cicerón», sino por la celebración de un juicio, como correspondía a unos ciudadanos romanos.

Sólo —añadió—, *si la República se hallase en peligro de ser destruida, podría admitirse que se realizaran esas arbitrariedades que van contra la misma esencia de nuestro derecho.*

Como tal no es el caso, considero lo más conveniente encarcelar a los acusados en las ciudades que el propio Cicerón señale, hasta que se haya exterminado a Catilina, único y verdadero instigador de la conspiración.

Hecho lo cual, el Senado podrá, en paz y reposo, decidir lo más conveniente y aplicar una sentencia justa, puesto que con el paso del tiempo se habrán pacificado sin duda las ofensas y podrá juzgar con más imparcialidad que ahora.

Además, deseo agregar que no es la muerte el castigo más apropiado para los criminales. Morir no es nada grave, y significa solamente que se ha dado fin a los males propios, por lo que más bien ha de desearse que no considerarla con temor[1].

Cuantos escucharon semejante discurso lo aprobaron, y el Senado dió marcha atrás y pidió que se siguiese lo solicitado por el joven César.

Catón contra César

Pero Catón, varón austero y juicioso si los hubo, miembro del partido aristocrático, y gran defensor de los intereses y la autoridad del Senado, gritó contra César, en tono acusador:

---

[1] Maffio Maffii: *Cicerón y su drama político,* Iberia, Barcelona, 1942.

Todo lo que acaba de decir Cayo Julio César obliga a sospechar de él, por estar asimismo complicado en la conjuración del infame Catilina. Pues de no ser así ¿por qué defiende a unos traidores? Dijo bien al afirmar que la República no se halla en peligro inminente de destrucción, pero eso es porque este Senado, siempre vigilante, supo abortar el peligro a tiempo. No obstante, dejar con vida a esas alimañas es mantener vivo el peligro que el mismo César ha reconocido. No, yo exijo que se obre con justicia y se castigue a los traidores.

Que la traición no haya sido consumada, no debe favorecerles en modo alguno. Ellos iban a derribar la República, y no pudieron lograrlo porque nosotros lo hemos impedido. Por eso, para continuar impidiéndolo siempre, pido que se ejecute inmediatamente a esos dos traidores. Ésta es la justicia que ha de hacerse y servirá de ejemplo y escarmiento a los ambiciosos que intenten imitarles.

El Senado, ante estas atinadas palabras, con la inconstancia tan propia de los seres humanos, volvió a cambiar de opinión y, desoyendo el proyecto de César, pidió que se condenase a muerte a Léntulo y Cetego, los cuales fueron entregados a los líctores para ser ejecutados al instante.

César comprendió que su propia situación era muy comprometida, por lo que salió del Senado, mas al llegar a la plaza los jóvenes de la guardia de Cicerón lo acometieron con la intención de matarlo.

Fue el amigo de César[2], Curión, quien acudió en su auxilio, y entre ambos consiguieron ahuyentar a los atacantes. También el pueblo, que siempre se hallaba delante del Senado

---

[2] De circunstancias, porque después lo satirizó.

para conocer antes que nadie las noticias que de allí podían filtrarse, corrió en defensa de César, obligando a que los guardias de Cicerón abandonasen definitivamente la plaza.

Cicerón salió a la puerta del Senado y gritó a sus guardias, que se defendían del acoso popular:

—¡Dejad en paz a César! ¡Si es culpable, será el Senado el que lo juzgue!

Salvado de este modo el honor del Senado, que jamás cedía bajo la imposición de la plebe, César logró escapar con vida del trance. Luego, estuvo obligado a presentarse ante los senadores, y debió usar de toda su oratoria para convencerles de que no tenía culpa alguna en lo referente a la conjuración de Catilina.

Y o bien les convenció, o bien ellos temieron las iras del pueblo, pero lo cierto es que ningún senador se atrevió a levantar la voz contra Julio César.

CAPÍTULO IV

LA ASCENSIÓN TRIUNFAL DE JULIO CÉSAR

César, después de triunfar relativamente sobre Catón en el asunto de la conjura de Catilina, fue nombrado pretor en 62 a. C., y al año siguiente pasó en calidad de propretor a la Hispania Ulterior, donde alcanzó señalados triunfos con las armas sobre los lusitanos.

Al regresar a Roma fue elegido cónsul junto con Bíbulo, que era un ferviente partidario de la aristocracia. Después de su elección, pero antes de asumir las funciones inherentes a su cargo, formó con Cneo Pompeyo Magno y Marco Licinio Craso una coalición que se conoce como «primer triunvirato».

Pompeyo era ya hostil a la aristocracia desde que el Senado se opuso a la ratificación de sus actividades en Asia y al reparto de tierras que había prometido a sus veteranos.

Craso, a causa de sus inmensas riquezas, era el personaje más poderoso de Roma, y el mismo César le debía varios favores monetarios, pues sin él no habría podido marchar jamás a Hispania cuando fue nombrado pretor.

Desaparecidas de una vez las rencillas personales que habían existido entre Craso y Pompeyo, gracias a la mediación de César, los tres convinieron en apoyarse mutuamente y repartirse entre ellos el poder público.

En el año 50, César fue nombrado cónsul y, sostenido por Pompeyo y Craso, pudo hacer aprobar todas sus disposiciones.

Bíbulo, de quien tanto esperaba el Senado, no pudo realizar ninguna oposición eficaz, y después de varios y vanos esfuerzos para resistir a César, se retiró a su hogar y no volvió a presentarse en público hasta la expiración de su consulado.

César continuó tomando medidas que le granjearon el afecto de los ciudadanos más pobres, de los caballeros y de Pompeyo. Logrado esto, le resultó harto fácil obtener para sí las provincias que deseaba. A propuesta del tribuno Publio Vatinio, y por voto popular, las provincias de la Galia Cisalpina y de la Iliria fueron asignadas a César, con tres legiones por cinco años, y el Senado añadió a su gobierno la provincia de la Galia Transalpina, con otra legión también por cinco años, porque preveía que a tal fin iba a ser hecha nueva proposición al pueblo, si antes no tomaba por sí mismo la iniciativa.

César, en efecto, preveía que la pugna entre los diferentes partidos que luchaban en Roma por el poder acabaría por dirimirse espada en mano y, en consecuencia, se propuso obtener un ejército que pudiese hacer suyo mediante victorias y recompensas.

Asimismo, en el curso del mismo año se unió más estrechamente a Pompeyo, dándole a su hija Julia en matrimonio.

Las Galias

En su más amplio sentido, el nombre de Galia significa «la tierra habitada por los galos». En un sentido más restringido, se aplicaba a dos países: la Galia, llamada también Galia Transalpina o Galia Ulterior para indicar que estaba situada más allá de los Alpes con relación a Roma, y la Galia

Cisalpina, llamada también Galia Citerior, del lado de acá de los Alpes en relación siempre a Roma, y situada al norte de Italia, entre los Alpes, el mar Adriático y los Apeninos.

Tras la conquista de la Galia Transalpina por Julio César y de la reorganización administrativa efectuada por Augusto en cuatro provincias: Narbonense, Aquitania, Céltica o Lionesa y Bélgica, la palabra Galia designó exclusivamente a la región de Europa comprendida entre el Rhin, los Alpes, el Mediterráneo, los Pirineos y el océano Atlántico.

No obstante, incluso sin la adición de la excluida porción correspondiente a la Italia septentrional, este país era muy extenso, pues comprendía la Francia actual, Suiza, Alsacia, Lorena y los territorios de Alemania, Bélgica y Holanda, situados al oeste del Rhin.

La región estaba poblada por íberos, galos y, especialmente, por los celtas que, fundadores de una gran nación a uno y otro lado del Rhin, y procedentes al parecer del mar Báltico, se impusieron con las espadas de hierro de que iban armados, a todos los demás pueblos.

Las ciudades, la industria y el comercio en las Galias

La dominación romana dio un gran impulso a la industria y el comercio. Pero se puede decir que estas actividades no aparecieron con ella: aunque la vida rural predominaba ampliamente, Julio César se encontró ciudades en la Galia.

En su mayor parte tenían por origen una preocupación defensiva. Se trataba de fortalezas, situadas en sitios elevados o en el centro de regiones pantanosas. La fuerza de su posición natural se veía aumentada por murallas, cuyo ingenioso sistema de construcción, llenando de piedras los intervalos de cruzamiento de las vigas fue descrito por Julio César. Sin embargo, por restringida que fuera la superficie delimitada de su recinto, ya desempeñaban un papel económico. Verdaderamente conocemos muy mal el estatuto social de sus habitantes. A veces parecen depender de un señor, como los rurales. De cualquier forma, es difícil creer que fuera así en todas partes, ya que las actividades propiamente urbanas favorecían la emancipación de los que las ejercían.

Si la cerámica y el tejido se limitaban a subvenir las necesidades de la población, la metalurgia, en cambio, había tomado mayor importancia. Minas, mineros y buscadores de filones disfrutaban de una gran reputación. Quizá de una reputación excesivamente grande, pues los romanos, a los que la abundancia de metales preciosos atesorada en el país había atraído, quedaron defraudados por el agotamiento de los recursos naturales. Pero lo que no faltaría sería el hierro, mientras que el cobre y el estaño permitirían durante mucho tiempo una floreciente industria del bronce. En ningún sitio quedaron las técnicas de la fabricación en estado rudimentario: en particular para la del esmalte incrustado, los artesanos galos poseían una notable habilidad y sus productos se exportaron hacia el valle del Danubio.

La página célebre donde Estrabón hizo el elogio tanto de la situación de la Galia entre el Mediterráneo y el océano como de la feliz disposición de su relieve y de su red fluvial, procede de observaciones mucho más antiguas. Existía ya una red de caminos, aunque no eran verdaderas calzadas y, además, una navegación exterior. Una parte del ámbar nórdico llegaba hasta la Galia y, atravesándola, a los países mediterráneos. Igual puede decirse del estaño de las islas Casitérides, en cuyo comercio el poderío marítimo de los pueblos de Armórica disputaba el tráfico a los navíos de Gades. Como muestra la institución de los druidas, las relaciones con la isla de Britania eran estrechas y frecuentes.

Desde principios del siglo III a. C., diversos pueblos galos acuñaban sus propias monedas. Al principio eran de oro,

El famoso orador Cicerón, en su discurso denunciando la conjuración de Catilina.

idénticas a las piezas emitidas por el rey macedonio Filipo II, el padre de Alejandro. Después, los tipos empezaron a deformarse, se simplificaron o se complicaron de forma fantástica. Finalmente, a partir del siglo II a. C., la influencia de Marsella, y cada vez más, la de Roma fueron imponiéndose, con piezas de plata y cobre de figuras más sobrias. La acuñación regular se generalizó y, en el momento de la llegada de Julio César, la circulación monetaria era abundante.

CAPÍTULO V

LA GALIA CISALPINA Y LA GALIA TRANSALPINA

La Galia Cisalpina

Por lo que respecta a la Galia Cisalpina, limitaba al Oeste con la Liguria y la Galia Narbonense, de la que la separaban los Alpes; al Norte con la Retia o Recia y la Nórica; al Este con el Adriático y Venecia, de la que la separaba el río Adigio; y al Sur, con la Etruria y la Umbría, de la que la separaba el río Rubicón.

Primitivamente fue asiento de los ligures, los etruscos, los umbríos y otras razas; mas, atraídas numerosas tribus galas por su fertilidad, atravesaron los Alpes en diferentes épocas y terminaron por establecerse en el país.

Después de la primera guerra Púnica, los romanos la conquistaron, quedando dividida en cuatro partes: Galia Cispadana, Galia Transpadana, Liguria y Venecia; pero en realidad no lograron someterla hasta la derrota completa de los boios en el año 191 a. C. Las tribus más importantes que ocupaban la Galia Transpadana eran las de los taurinenses, los salasios, los libicios, los insubros y los cenomanos; y en la Cispadana, las de los boios, los lingones y los senones.

La Galia Transalpina

Respecto a la Galia o Galia Transalpina, después de diversas luchas de resultados varios, que comenzaron tres siglos antes de nacer Julio César, los romanos se apoderaron en el Sur de la colonia griega de Massilia (Marsella) y crearon la llamada Provincia (Provenza) para distinguirla del resto del país.

Según Estrabón y el propio César, lo que quedó sin dominar o sea la mayor parte, era lo más salvaje —de Gallia comata (Galia cabelluda) se la calificaba para expresar la naturaleza indómita de sus tribus—, de toda la Galia.

Simple expresión geográfica, no formaba una nacionalidad homogénea. Estaban establecidos en ellas pueblos de razas y lenguas diferentes en número de unos doscientos.

Sus habitantes sumaban en conjunto unos treinta millones. Y los sucesivos intentos de unificación por parte de Roma, para la que era de capital importancia que la Galia estuviese, por lo menos, en manos amigas, porque la ruta del Oeste que conducía a Hispania pasaba por ella, habían fracasado siempre, a causa de las inextinguibles rivalidades de los pueblos que la habitaban.

Los grupos de la Galia en la época de César

En tiempos de César se distinguían tres grandes grupos o regiones en la Galia: los aquitanos, pueblo mixto en el que el elemento íbero se había mezclado con el celta; los belgas, llegados los últimos (hacia el año 300 a.C.) de la otra parte del Rhin, algunas de cuyas tribus tenían mezcla de sangre germana; y los celtas, que ocupaban la Galia central, y constituían los Estados más importantes: arvernos, aduos, secuanos y bitúriges.

En vísperas de la conquista de César, los pueblos de la Céltica o Galia central estaban divididos en dos grupos rivales: los arvernos contra los eduos y secuanos; y estos últimos, sintiéndose más débiles que aquéllos, habían llamado en su ayuda al jefe germano Ariovisto, el cual, una vez franqueado el Rhin, se estableció en sus propios territorios, cobrándoles tributos y negándose a volver a su país.

Por otra parte, la Galia estaba amenazada de dos invasiones: una de helvecios y otra de germanos, que al poner en peligro su independencia ponían asimismo en grave peligro la propia existencia de Roma.

César comprendió, pues, la necesidad de organizar la Galia en un fuerte bastión de Roma contra los pueblos del Norte y de ahí su campaña en la que invirtió varios años (58 a 51 a. C.), narrada por él mismo, al menos en gran parte, en su magna obra, ya citada, *Comentarios a la guerra de las Galias*.

CAPÍTULO VI

JULIO CÉSAR, EN LAS GALIAS

Deseoso de conquistar, más que territorios, nombradía y gloria para sí mismo, César vio que el inmenso territorio de las Galias, uno de los más ricos del continente europeo, era una presa relativamente fácil para un conquistador bien armado.

César tendría ocasión allí de enfrentarse con movimientos armados pero pocas veces dichos movimientos tendrían carácter nacional, pues casi siempre serían movimientos aislados, pudiendo contar para sofocarlos con la ayuda de algunos príncipes galos, o incluso con sus tropas.

Así, cuando César se incorporó al ejército acantonado en las Galias y estableció contacto con sus hombres, ninguno de sus capitanes osó hacerle la menor objeción, pese a que Roma hubiese enviado a un civil para gobernar aquellas legiones.

César, con sus maneras abiertas y sus liberalidades, no tardó en ganarse las simpatías de aquellos recios soldados. Mas, por otra parte, él comprendía que no tardaría en tener que demostrar que sus dotes guerreras eran tan buenas como las oratorias, algo que logró sobradamente, ya que fue en las Galias donde César quedó consagrado como uno de los estrategas más hábiles de todos los tiempos.

Contra los helvecios

Durante tres largos años, los helvecios[1] estuvieron preparando su expedición contra la Galia. En primer lugar, su caudillo Orgetórix les convenció de su superioridad bélica, así como de la necesidad en que se hallaban de ampliar su territorio, que estaba rodeado por altas montañas y eso les obstaculizaba las incursiones a los países vecinos.

Pero Orgetórix falleció sin haberse llevado a cabo la invasión de la Galia. Mas no por eso dejaron los helvecios de pensar en tal empresa, por lo que cuando llegó el plazo que a sí mismos se habían fijado, destruyeron e incendiaron sus aldeas para evitar que nadie pudiese volverse atrás, y emprendieron la marcha llevándose consigo los víveres que pudieron, y destruyeron todo lo sobrante.

El ejército (o sea todo el pueblo), sumaba unos ciento sesenta mil hombres, marchando al frente los guerreros, a los que seguían los equipajes, y a continuación las mujeres, los niños y los ancianos, que formaban algo así como la retaguardia de la fuerza.

Mientras se dirigían a la Galia, se les unieron diversas tribus, como los rauracos, los tulingios, los latobrigios y los boios, soñando todos con ocupar la fértil tierra de las Galias.

Informado César de que los helvecios se disponían a utilizar el camino más fácil, dirigiose a marchas forzadas a la Galia Ulterior, ocupando Ginebra con una sola legión, a fin de enfrentarse con aquel alud. Destruyó el puente apresuradamente y organizó diversas cohortes militares entre los habitantes de la provincia gala. Para protegerse de los ataques enemigos, ordenó también levantar un vallado de die-

---

[1] Este pueblo ha dado nombre a la actual Confederación Helvética: Suiza.

cinueve millas, desde el lago Leman hasta el monte Jura, abriendo fosos y protegiendo todo el territorio con fuertes reductos.

César, ante los helvecios

Sorprendidos los helvecios por aquellos preparativos de César, le enviaron una embajada. Y César viose de pronto delante de aquellos delegados.

Los embajadores, jefes de tribu, comprendían y chapurreaban el latín, por lo que César no necesitó intérprete. Pero habló lentamente para que sus palabras fueran bien comprendidas.

—Lamento rechazar vuestra petición; como gobernador romano no puedo asumir la responsabilidad de dejaros pasar, por el desorden que tal paso traería consigo.

Los helvecios se mostraron perplejos. Cambiaron rápidas miradas entre sí, hasta que el caudillo Nammeio, que al parecer encabezaba la embajada, efectuó otra tentativa para conseguir amistosamente lo que deseaban.

Pero César volvió a rechazar sus proposiciones, llegando, en cambio, a amenazar a aquellos hombres duros y recios. Cuando los helvecios se marcharon con la negativa de César, éste se volvió hacia Labieno, que estaba junto a él, y le ordenó duplicar los centinelas en las obras de fortificación, en la orilla del lago Leman y, especialmente, en las pilastras del pie del puente. Acto seguido, salió para inspeccionar los trabajos.

Ataque a la retaguardia

En vista del fracaso de sus gestiones, y no atreviéndose a atacar a las legiones de César tan bien fortificadas, los helvecios solicitaron de los secuanos el permiso para atravesar sus tierras y, una vez conseguido aquél, iniciaron la marcha que para César suponía un gran peligro.

Entonces, Julio César, sin perder tiempo, dejó el mando de sus tropas a Labenio, y corrió a Italia, donde alistó otras dos legiones con las que se unió a las tres que invernaban en los cuarteles de Aquileya, partiendo acto seguido al encuentro de los helvecios, que llevaban varias semanas pasando a su gente en balsas y barcas a través del río Aar.

La cuarta parte de las tropas helvéticas se hallaba junto a la orilla del río, para pasar al otro lado, cuando inesperadamente llegaron las cinco legiones de César, y se trabó un violento combate, en el que los helvecios sufrieron una terrible derrota, sucumbiendo muchos al empuje de sus enemigos, en tanto el resto huía hacia el Norte.

Nueva embajada helvética

Fue esta vez Divicón el portavoz de la embajada que los helvecios, tenaces, enviaron otra vez a César. Y así se expresó Divicón, según el propio César:

> —*Mi pueblo no desea la guerra con Roma y la prueba de ello es que en vez de cruzar la provincia, hemos venido a la Galia por las tierras de los secuanos, que para ello nos concedieron permiso.*
>
> *Hizo una pausa y continuó:*
> —*Estamos dispuestos a ir a las tierras que tú nos asignes.*
> —*Las vuestras* —*fue la respuesta de César.*
> —*Imposible. Nuestro pueblo necesita más territorios.*

La discusión fue larga y enconada por ambas partes, Divicón estaba aferrado a sus proposiciones, y César también a las suyas.

Al final, Divicón se atrevió a retar a César, dándole a entender que, si no se hallaba una solución pacífica a sus pretensiones, la guerra sería algo inevitable. Y, como es natural, el rompimiento no tardó en producirse. Divicón, sin esperar la respuesta final, que sabía sería de nuevo una negativa de César, le volvió la espalda y salió del campamento romano.

Los eduos

Los eduos eran amigos de César y le habían prometido entregas de grano y otros víveres para sus tropas, pero lo cierto era que tales entregas se estaban retrasando más de lo debido, de manera que César se hallaba en mala situación respecto al aprovisionamiento de sus soldados, por cuyo motivo convocó a los principales de la nación edua para tratar de este asunto.

Los principales delegados fueron Divicíaco y Lisco, los cuales, ante los reproches de César, quien les recordó que había emprendido aquella campaña contra los helvecios en favor del pueblo eduo, le rogaron que no se enojara con ellos, puesto que deseaban ayudarle pero cierto era que entre sus gentes, según añadió Lisco, habían surgido algunos traidores que habían logrado convencer a los demás para que no aportasen el trigo para el ejército de César. Dichos traidores estaban en tratos con los helvecios.

Ante esta noticia, César quedose muy sorprendido, comprendiendo la gravedad de la situación, que era peor de lo que había temido.

Al final, Lisco incluso llegó a decir:

—En resumen, oh, César, ahora incluso temo por mi vida y por la de mi compañero Divicíaco, pues si se enteran de que te hemos advertido de sus intenciones, esos traidores pueden querer exterminarnos.

Luego, a instancias de César, los dos eduos le dijeron que el jefe de los traidores era Dumnórix, el mismo hermano de Divicíaco.

Dumnórix era un hombre muy ambicioso, amigo de hacer fortuna por cualquier medio. Había aumentado su hacienda por medios indignos y así había podido conjuntar un ejército de caballería de gran importancia. Además, su madre estaba casada con un jefe de la tribu de los bituriges, su esposa era helvecia y sus hermanas también estaban casadas con jefes extranjeros. Por eso, favorecía a los helvecios pensando que con ellos aumentaría sus riquezas, en tanto que con los romanos tal vez lo perdería todo. Además, tampoco le perdonaba a César que le hubiese concedido más honores a Divicíaco que a él.

Entonces, César habló con Divicíaco, el cual le rogó que no procediese contra su hermano, particularmente porque, conociendo los eduos la amistad que él tenía con César, tal vez creerían que era precisamente Divicíaco quien había conspirado contra su propio hermano.

César se hallaba, pues, entre la espada y la pared. Al fin, decidió perdonar a Dumnórix, pero con la condición de que acudiese a parlamentar con él.

Al celebrarse la entrevista entre César y Dumnórix, el primero le reconvino por su injuriosa conducta con Roma, y después le otorgó su perdón por respeto y amistad hacia Divicíaco, como quiso subrayar.

Cuando ambos hermanos se hubieron marchado, César pensó en presentar batalla a los eduos y a los helvecios, pero estando falto de trigo no lo juzgó oportuno, y pensó mejor dirigirse a Bibracte, donde podría abastecerse de cuanto necesitaba.

Catilina huyó a tiempo y César abogó por juzgar a sus complices antes de ejecutarlos.

Conviene hacer un inciso y explicar un poco aquí la organización del instrumento con que César iba a llevar el triunfo en las Galias: el ejército.

El ejército estaba contituido por las famosas legiones, de cuatro a cinco mil hombres cada una. La legión se componía de diez cohortes y cada cohorte de tres manípulos de a dos centurias. Aparte se hallaban las tropas ligeras y las auxiliares.

Los cuerpos eran: infantería (las legiones), infantería ligera (*velites*), caballería (*equites*), «artillería» (*catapulta* y *balista*).

El legionario iba armado para el ataque con la espada corta o espada de dos filos y el *pilum*, dardo o jabalina, que se lanzaba a distancia. Los elementos defensivos consistían en el *casco*, la *coraza*, el *escudo* y las *perneras*. Con el tiempo, el casco se fabricó de bronce; la coraza, de láminas de hierro articulado, y el escudo de madera cubierto también de hierro.

Los centuriones eran los oficiales formados en la milicia, que mandaban una centuria: 100 hombres; por encima de ellos se hallaban los tribunos, los legados y el general que era un magistrado de alta categoría, o un cónsul, o un pretor, o un procónsul.

La legión se dividía en el campo de batalla en manípulos que se colocaban al *tresbolillo*, en tres líneas paralelas que cargaban sucesivamente. Si la primera resultaba derrotada, se retiraba entre los espacios de la segunda; si ésta retrocedía, se recurría a la tercera línea y entonces todas juntas, cargaban de nuevo sobre el enemigo.

La acción comenzaba por la intervención de los *velites* o infantería ligera, los cuales, situados como tiradores, delante de los manípulos, arrojaban dardos y flechas contra el enemigo. Después atacaba la *legión*, lanzando sus primeras filas el *pilum* antes de empezar la lucha cuerpo a cuerpo, con la espada. Cuando el enemigo huía, los *equites* y los *velites* continuaban su persecución.

Los romanos poseyeron un cuerpo especializado de zapadores. Bloqueaban las plazas rodeándolas de un cinturón de trincheras con empalizadas y levantaban torres, sustentadas sobre ruedas para su emplazamiento, más altas que el recinto de la plaza. Aislada con estas medidas la ciudad, se procuraba abrir brechas con arietes o se atravesaban las murallas excavando bajo ellas un camino subterráneo. El asalto se efectuaba de la forma siguiente: las tropas de la primera fila y de los costados se entrecruzaban sus escudos, y los del centro los colocaban horizontalmente sobre sus cabezas. Esta formación recibía el nombre de «tortuga».

El secreto de la dominación romana estuvo en lo sólidamente que los soldados y los labradores romanos ocupaban los territorios conquistados. No era la suya una apropiación de comerciantes que sólo buscan el lucro o de soldados que únicamente ansían el botín. Se empezaba por la ocupación militar. Se construía un campamento que se iba fortificando y perfeccionando cada día. Después, dicho campamento iba asimilando a los pueblos vecinos. Los legionarios se casaban con la mujeres del territorio vencido, y al cabo del tiempo se transformaban en colonos. Una vez unidos a la tierra ya nadie podía separarlos de ella. De esta forma, introducían en los nuevos países conquistados su lengua, religión y costumbres, es decir, los romanizaban, como inició César en las Galias.

CAPÍTULO VII

JULIO CÉSAR, CONTRA ARIOVISTO

Los helvecios pensaron que la retirada de César se debía a su temor a enfrentarse con ellos, por lo que le persiguieron hasta alcanzar la retaguardia romana, convitiéndose, pues, de perseguidos en perseguidores. Pero César reunió a su caballería en una loma, con los veteranos al frente, y colocó todos los bagajes y su impedimenta en un lugar donde reunió también a todos los caballos, el suyo inclusive, diciendo a sus hombres:

> *Este caballo, como todos los demás, no se empleará más que cuando haya que perseguir al enemigo. Y ahora, a por ellos.*

Se puso al frente de la tropa yendo a pie igual que sus legionarios. Así, todos sabían que era imposible la huida, por lo que deberían obtener la victoria a toda costa.

El enemigo estaba formado en falanges compactas con los escudos por encima de las cabezas para protegerse de los proyectiles arrojados por los romanos. Sin embargo, las legiones de César arrollaron a los helvecios en un feroz combate.

El mismo duró un día entero, derrochándose el valor por ambos bandos, pero los legionarios romanos tenían una ventaja nimia a primera vista, pero que fue de gran valor durante la batalla. Las flechas romanas, que podían atravesar los escudos de los helvecios, llegaron a estorbarles tanto en sus movimientos, que prefirieron luchar a cuerpo descubierto con lo que aumentaron su ventaja.

Al caer la noche, los helvecios se retiraron a su campamento, situándose detrás de los carros colocados a guisa de parapetos, desde donde continuaron luchando con más ventaja.

Mas de poco les sirvió tal cosa, porque César ordenó tomar el campamento enemigo por asalto, logrando apresar a una hija y un hijo de Dumnórix. La derrota era inminente y poco después quedó consumada.

César mostrose generoso con los vencidos, a condición de que regresaran a sus tierras, reconstruyesen sus aldeas y laborasen sus campos, pues de ninguna manera le convenía a Roma que los territorios de los helvecios quedasen desamparados.

Tal fue el final de la campaña contra los helvecios, que puso los cimientos de la gloria militar de César, y causó la admiración por él de todos sus soldados.

César envió un relato completo de la campaña a Roma, y tanto el Senado como el pueblo se mostraron muy complacidos por las victorias obtenidas por Julio César.

Ariovisto

Todos los Estados de la Galia enviaron poco después una delegación a César para felicitarle por su gran victoria sobre los helvecios y César prometió respetar a los galos y ayudarles cuantas veces lo necesitasen para rechazar a los probables invasores.

Pero poco después de haberse retirado aquella embajada, volvieron a presencia de César, pidiendo conferenciar a solas con él sobre temas en los que estaban interesadas las vidas de todos.

Fue Divicíaco quien tomó la palabra en nombre de los demás.

César, siendo reciente tu llegada a las Galias, no puedes saber que este enorme territorio estaba dividido en dos grandes naciones, las cuales se disputaban la supremacía: los eduos y los alvernos. Las rencillas duraron largo tiempo, hasta que los alvernos llamaron en su auxilio a los germanos, los cuales cruzaron el Rhin. Primero sólo quince mil hombres, pero al comprobar la feracidad de las tierras galas, llamaron a muchos más, y ahora ya han pasado el gran río más de cien mil germanos.

En los combates que los eduos sostuvimos con los germanos fuimos vencidos y nosotros, antes tan poderosos, no por nosotros mismos sino por tener el apoyo de Roma, nos hemos visto obligados a dar rehenes en los personajes más notables de nuestra nación, obligándonos, además, bajo juramento, a no pedir nunca su retorno, ni a pedir el socorro de Roma para sacudirnos el yugo de esos bárbaros.

Sin embargo, peor suerte que a nosotros les ha caído a los secuanos, que pensaron ser nuestros vencedores, pues Ariovisto, rey de los germanos, ocupó la tercera parte de su territorio, el más rico y feraz de la Galia, y ahora les obliga a irse de la región donde vivían.

Si tú, oh noble César, no remedias esta situación y proteges a los pueblos de la Galia con las fuerzas romanas, todos los galos tendremos que abandonar nuestra patria para huir del cruel Ariovisto.

Los últimos éxitos obtenidos por ti sobre los helvecios han colocado como una aureola victoriosa a tu alrededor y con tu ejército triunfal puedes intimidar a los germanos para que salgan de la Galia y vuelvan a sus tierras de Germania, librándonos del despotismo de Ariovisto. Por eso, oh gran César, acudimos a suplicar tu ayuda.

César se avino a proteger a los eduos y los galos, determinando que ya era hora de pararle los pies al feroz Ariovisto.

La respuesta de Ariovisto

César sabía que los germanos constituían un pueblo muy aguerrido, muy orgulloso, además, de sus continuas victorias. Por otra parte, tampoco podía contar demasiado con el partido popular de los galos, que pese a saber el peligro que para ellos representaban los germanos, no les había gustado mucho la victoria alcanzada por César contra los helvecios.

La situación de César, por todo esto, era muy comprometida. Sin embargo, comprendió que no podía rehuir aquel compromiso y decidió enfrentarse a Ariovisto, jugándose el todo por el todo, como era ya su costumbre.

Por esto, envió un embajador al rey de los germanos.

Y dice César en sus *Comentarios*:

> *Dile a Ariovisto que deseo tratar con él del bien público y de temas que a los dos nos interesan, por lo cual le pido que señale un sitio para reunirnos.*

Cuando el enviado de César se presentó ante Ariovisto, éste respondió, sumamente orgulloso:

> *Si yo pretendiese algo de César iría en su busca, mas no es así. Es César quien acude a mí, por lo que es él quien ha de venir a verme. Además, no creo conveniente arriesgarme a ir solo, sin mi ejército, por el territorio de la Galia, y llevarme a todos mis hombres para ir al encuentro de tu amo sería demasiado costoso. Además —añadió el rey germano—, no entiendo la presencia de César ni de sus legiones en las Galias, que me pertenecen por derecho de conquista.*

César, ante esta respuesta, envió otro embajador, reprochándole a Ariovisto que después de haber sido honrado por Roma, que le concedió el título de rey y le dio su amistad, ahora desdeñara conferenciar con él.

Esto aparte, le intimaba a que se comportase noblemente con los eduos, sin inferirles más agravios, ni dictarles leyes ofensivas para ellos.

Al oír esto, Ariovisto montó en cólera, y exclamó:

> *Es derecho de guerra que los vencedores dicten leyes a los vencidos, a su arbitrio. Ésta es la costumbre del pueblo romano, que jamás ha aceptado las sugerencias ajenas, y ha mirado solamente sus intereses. Yo no me meto en cómo Roma administra sus intereses y no entiendo por qué los romanos no me dejan tranquilamente administrar los míos. Los eduos fueron vencidos en combate y son mis tributarios, y considero una ofensa que César pretenda decirme lo que debo o no debo hacer. En cuanto a devolver a los eduos los rehenes, no pienso hacerlo. No les atacaré siempre que se atengan a sus compromisos, pero si los eduos faltan a lo pactado, de nada les servirá que les apoye Roma.*
>
> *Y que tenga en cuenta César que, si intenta atacarme, nadie que haya medido sus fuerzas con las mías ha salido bien librado. Nosotros, los germanos, somos guerreros invencibles, y hace más de catorce años que no hemos vivido realmente bajo techado. Estamos acostumbrados a los rigores del frío y del calor, del hambre, de todas las inclemencias. Por eso, somos invencibles. Dile esto a tu César cuando le veas.*

CAPÍTULO VIII
UNA VICTORIA PARA CÉSAR

Enterado César de la respuesta de Ariovisto, y a pesar de los problemas que se le planteaban por parte de los eduos y los trevirenses, que se quejaban de que los harudes, recién llegados a la Galia, talaran los árboles de sus territorios sin que de nada sirviesen los rehenes entregados a Ariovisto, decidió marchar contra el rey de los germanos. Mas, aleccionado por lo sucedido con los helvecios, antes se aseguró de no carecer de abastecimientos para sus hombres, para lo cual ocupó Besançon, que más tarde sería capital del Franco Condado, plaza fuerte y fácil de defender, donde había gran abundancia de cuanto era necesario para sostener una guerra, por larga que fuese.

Se cuenta que estando los romanos en Besançon, tuvieron ocasión de hablar con varios galos llegados de Germania, los cuales les amedrentaron diciendo que los germanos tenían una estatura horripilante, con un valor y una ferocidad increíbles y que era espantoso lo bien que manejaban sus armas.

Los soldados de César se atemorizaron de tal forma que sólo el nombre de germanos les ponía los pelos de punta, por lo que César les recriminó con gran severidad.

Lo que debéis hacer —dijo—, *es no inquirir cuál es el destino y el objeto de vuestros trabajos. ¿Acaso pensáis que si Ariovisto quisiera atacar a Roma habría insistido tanto durante mi consulado pidiendo que se le concediese el título de amigo del pueblo romano? Y si así no fuese y perdiera los estribos, atreviéndose a enfrentarse con las legiones romanas ¿de qué habéis de tener miedo? ¿No os dirigiría yo en el combate? ¿O creéis que los germanos son invencibles, como afirman los que han sido vencidos por ellos?*

Ahora bien, si creéis que son temibles por haber vencido a los galos, ello se debió a que Ariovisto estuvo escondido en los pantanos durante muchos meses, y sorprendió a los galos cuando más descuidados estaban. Pero esa estratagema que puede servirle contra un pueblo bárbaro, de nada le valdrá contra nosotros, por lo que mañana mismo levantaremos el campo, y averiguaré si en vosotros puede más el miedo o el deber. Y si nadie quiere seguirme, yo solo iré contra Ariovisto, únicamente con la décima legión, de cuya lealtad y valor no dudo en absoluto.

Durante más de siete días marcharon sin interrupción, hasta que los exploradores informaron a César que las tropas de Ariovisto se hallaban a sólo unas veinticinco millas de distancia. César ordenó acampar y se dispuso a esperar el momento más propicio para la batalla.

La entrevista de César y el rey de los germanos

Advertido Ariovisto de la llegada de César, accedió a conferenciar con él, aunque con guardias montando vigilancia. César, a su vez, desconfiaba de la caballería gala, por lo que hizo que montaran los caballos sus legionarios de la décima.

Entre ambos ejércitos se extendía una vasta llanura, y en medio de la misma se elevaba un altozano equidistante de los dos campamentos. Fue éste el sitio elegido para la conferencia.

En calidad de protector, César consiguió importantes victorias sobre los lusitanos, hacia el año 63 a. C.

César y Ariovisto avanzaron a paso lento, acompañados de una fuerte escolta por ambos bandos. La legión décima se detuvo a unos doscientos pasos del altozano, y lo mismo hizo Ariovisto. Luego, cada uno, seguido de diez soldados, subió a la pequeña altura.

La entrevista se inició con un discurso de César, reprochándole al rey de los germanos lo mismo que le reprochara ya por medio de su enviado.

Ariovisto contestó ufanándose de sus hazañas, y añadió que si mataba a César complacería a muchos senadores y patricios de Roma, pues tal cosa le habían asegurado.

En medio de la conferencia, los soldados germanos empezaron a arrojar piedras y dardos contra los legionarios romanos, por lo que César dio bruscamente por terminada la entrevista, y se apresuró a reunirse con sus tropas.

La batalla

Cuando los demás soldados de César se enteraron de la altanera respuesta dada por Ariovisto, sintiéronse ofendidos y le pidieron a César que ordenase librar la batalla cuanto antes para castigar a un personaje tan orgulloso.

Sin embargo, los dos ejércitos estuvieron varios días a la expectativa, observándose, luchando en pequeñas escaramuzas, hasta que César, informado de que si Ariovisto no atacaba se debía a los vaticinios contrarios de las mujeres, que auguraban grandes males para los germanos si batallaban antes del cambio de luna, no quiso perder más tiempo y aproximándose al campamento enemigo, dividió su ejército en tres cuerpos.

Naturalmente, los germanos tuvieron que aceptar el combate y lanzar a sus soldados contra los romanos, dejando en los carros a sus mujeres, las cuales viendo tan cercana la lucha y temerosas por los augurios, suplicaron a sus guerreros que no las entregaran en servidumbre a los enemigos, si éstos, como era de esperar, vencían.

César inició el ataque por el flanco derecho, que era, al parecer, el menos defendido, acometiendo briosamente al enemigo, que formaba una apretada falange.

La lucha fue espantosa, la sangre corría libremente por el suelo empapando la tierra, y los germanos, ante el vigoroso ímpetu de los romanos, empezaron a perder terreno, en tanto que la caballería mandada por Publio Craso, sin esperar la orden de César, se precipitaba sobre los contrincantes con lo que obtuvo una victoria absoluta.

Los germanos emprendieron la huida hasta el Rhin, y fueron muy pocos los que se salvaron al cruzar a nado el ancho y caudaloso río, y muchos perecieron bajo el acuchillamiento de la caballería romana. Uno de los que se salvaron fue Ariovisto, si bien tuvo que domeñar su orgullo y renunciar a su ambición de adueñarse de las Galias.

En sus *Comentarios a la guerra de las Galias* leemos cómo César ante la vacilación de sus soldados que temen enfrentarse a unas gentes como los germanos que gozaban de la fama de ser invencibles, recurre a la arenga. Forma parte de su táctica militar y, desde el punto de vista literario, de su estilo. Con agallas de general que confía en sí mismo, promete luchar tan sólo con la décima legión —la única que ha permanecido fiel—. Tocados en su amor propio, los soldados que habían puesto reparos se sienten animados y atraídos por la figura del jefe y en la actual Besançon (Vesontio) tiene lugar el primer encuentro con el más ruidoso triunfo de Roma que obliga a los feroces germanos a retroceder, tal como hemos expuesto, hacia el Rhin salvador. Así termina el libro primero de su magna obra con un relato de los acontecimientos, casi cinematográficos, tal es su dinamismo.

Por segunda vez, Roma o sus posesiones, como la *provintia* mediterránea de Las Galias (Provenza), quedaba a salvo del peligro que representaba una invasión de aquellos rudos bárbaros de alta estatura, piel blanca, pelo rubio y ojos azules, que hacían de la guerra y de la caza sus ocupaciones favoritas. Muy inferiores culturalmente a los romanos, sus territorios, que estaban cubiertos de espesos bosques, donde reinaba un clima duro y abundaban los terrenos pantanosos, no resultaban propicios para una próspera agricultura.

Impulsados por el hambre y atraídos por la bondad de las tierras del Sur y la fama de las riquezas de la república romana, los germanos se atrevieron por primera vez a una incursión a través de las fronteras romanas que Mario, el gran caudillo admirado por César, supo fortalecer (victoria sobre los cimbrios y teutones). ¿Qué pasaría después de César? Eso ya es otra historia...

CAPÍTULO IX

CARTA DE JULIO CÉSAR
A MARCO CRASO

¡Salve!

Espero que estés bien como yo lo estoy. Al poner en el papiro esta frase tan corriente que se escribe sin pensar en su sentido, me viene a la mente cuán poco ha faltado para que fuese mentira en cuanto a mí se refiere. He pasado días difíciles y ha habido más de una ocasión en que lo di todo por perdido.

El informe oficial lo oirás en la sesión del Senado. No lo creas, ya que en él se encubre y disimula, puesto que la verdad desnuda daría motivos a nuestros enemigos de la Curia para prepararnos otros impedimentos. ¡Es muy hermoso eso de ser humanitario cuando se puede explotar con fines políticos!

De veras: si en mi modo de proceder contra los germanos me hubiera dejado guiar por un falso sentimentalismo, no me encontraría como estoy ahora. Puedo muy bien imaginar que puntillosos juristas hallarán mi modo de obrar injustificable, más bien delictuoso. Pero justo o injusto, para mí no había otra elección posible, y cuando estuve convencido de ello, hice sencillamente lo que debía hacerse sin preocuparme de lo que los demás pudiesen decir.

No quiero entretenerte con la descripción de las operaciones militares. Baste afirmar que han resultado más favorables de cuanto se pudiera esperar, que todo el ejército invasor se ha ahogado en las aguas del Rhin y que Roma, en mucho tiempo y por esta parte, no tiene nada que temer.

También, en estas circunstancias ha sido sin duda mi buena estrella la que me ha protegido, así como (celebro poder referirlo) el valor de tu hijo Publio, que en una situación sumamente crítica (los germanos, rechazados por nosotros sobre el ala derecha nos acometieron furiosos por el ala izquierda) por medio de un movimiento de iniciativa suya, salvó la situación y decidió el buen éxito de la jornada.

Con esto, como te he dicho, basta; cuantos pormenores desees, podrás obtenerlos por los oficiales que están en ésa con licencia y, especialmente, por el dador del presente escrito, el hijo de nuestro viejo amigo Caburio. Tengo que comunicarte asuntos de mucha mayor importancia.

El juego diplomático del ratón y el gato entablado entre Ariovisto y yo, del que te informaba en mis cartas anteriores, condujo al fin a una entrevista en la que yo estaba dispuesto a llegar a una decisión completa. Fui lo bastante tonto para ir con la intención de buscar, si hubiese sido posible, un arreglo: unir a nosotros de algún modo a los bárbaros. Era una debilidad de ánimo a la que me alegro de no haberme abandonado, porque si hubiésemos llegado a este convenio, hoy la Galia tendría dos señores, y mañana tal vez sólo uno, que no sería yo. Esto lo vi claro apenas hube oído las primeras palabras de Ariovisto, por las que comprendí que con él no era el caso de ceder; y desde aquel momento decidí abatir al adversario por todos los medios.

Una circunstancia vino a reforzar en mí esta determinación: una noticia que incidentalmente me dio el caudillo extranjero, de lo que, por cierto, se arrepintió al instante. Me dijo que de círculos gubernamentales de Roma le habían asegurado que mi muerte (¡textual!) le aseguraría la gratitud general. Si esto no fue jactancia, y no lo creo, tendríamos en *ello la prueba fehaciente del contacto de ciertos círculos senatoriales con el enemigo. Según mi parecer habrá de tomarse en consideración antes que nada el grupo Cicerón-Cátulo, que me honra con su odio particular. Te ruego que hagas indagaciones.*

La entrevista, apenas comenzada, había ya perdido para mí todo valor, y la continué únicamente porque mi adversario sabía evitar con perfecta habilidad todo tropiezo que pudiera haber dado lugar a la ruptura. Por suerte, un diluvio de piedras que la pendenciera escolta de Ariovisto, más impaciente que él, descargó sobre mi gente, me dio al fin el motivo deseado de retirarme, en apariencia gravemente ofendido, mas por dentro lleno de júbilo: me había proporcionado un motivo para promover la guerra y yo lo utilicé para rechazar cualesquiera otras proposiciones de negociación, aunque fueran las mejor intencionadas.

Me reveló que le había dolido el naufragio de sus designios, el duro tratamiento inflingido a nuestros mediadores a los que cogió prisioneros. El hijo de Caburio, que figuraba entre ellos, por tres veces estuvo a punto de ser quemado vivo; y a consecuencia de los tormentos físicos y morales está tan abatido que necesita una larga licencia para reponerse.

Todo esto que yo, naturalmente, supe en seguida, me indujo a manifestaciones enérgicas, y cuando el caudillo germano reconoció la inutilidad de sus esfuerzos, iniciamos la lucha.

El desarrollo y buen éxito de la misma ya te los he descrito brevemente. Las pérdidas son, como es natural, proporcionadas a los hechos. Si no estuviese en una fortaleza inexpugnable, media tribu gálica podría dar cuenta de mí y de mis hombres; hasta tal punto se han agotado nuestras fuerzas. Las tropas, apenas hayan recobrado el aliento, saldrán de aquí para volver a sus alojamientos, que he dispuesto en el mismo territorio que ocupaba Ariovisto en el país de los secuanos.

Y llego al punto esencial de mi carta: te ruego, lo mismo que a Pompeyo, que pongáis la máxima atención en lo que sigue.

Por las dos campañas de este verano me he convertido en el verdadero dueño de la Galia y pienso seguir siéndolo. Vesoncio, la llave del país ya no saldrá de mis manos: a lo más tardar, dentro de dos años toda la gran península gálica hasta el océano, debe ser provincia romana.

Es evidente que esto costará todavía grandes combates; pero yo haré frente a estas luchas. Lo que necesito ante todo es tener guardadas las espaldas. Te ruego, pues, obtengas del Senado, y si éste pusiese dificultades, de la Asamblea Popular, a toda costa, la sanción de mis operaciones y la libertad de acción para el porvenir.

Ésta es la última y gran ocasión de obstruir la brecha del Noroeste; de la del Sudeste, abierta por las partes, ya se hablará a su hora. Esta ocasión no debe ser comprometida por el celoso espíritu mercantil que se esconde bajo el sentimiento de Catón y sus compañeros. Si otro antes que yo hubiese resuelto este problema, me daría por satisfecho, pero ya que la solución me ha tocado a mí, pienso llevarla a cabo de modo que a mis sucesores no les quede ya nada que hacer.

Os estoy agradecidísimo por vuestro poderoso apoyo, que me ha permitido llegar hasta aquí y os suplico encarecidamente continuéis auxiliándome también en el futuro.

Como no quiero alejarme mucho de los territorios recién conquistados, invernaré en la Traspadana. En la primavera próxima me propongo, primero avanzar hacia el oeste hasta el océano, y después, en dos operaciones simultáneas, pacificar el Norte y el Sudoeste. Lograedas ambas operaciones, habremos creado el bloque que protejerá a Roma de todo peligro.

¡Salve a ti, Craso, y a Pompeyo!

Pero en contra de sus previsiones, César no pudo estar mucho tiempo invernando en la Traspadana, puesto que los continuos avisos de Labieno le dieron a entender que los belgas, que formaban la tercera parte de la Galia, se estaban confabulando contra el pueblo romano y sus aliados galos. Y la culpa de esto era, según el mismo Labieno, del partido popular, que seguía odiando a César, desconfiando de que éste respetara las leyes y las libertades del país.

CAPÍTULO X
LA GUERRA CONTRA LOS BELGAS

Sería una guerra costosa y difícil, en un territorio que los romanos desconocían. Además, de acuerdo con los informes recibidos por César, los belgas eran un pueblo numeroso y aguerrido y nadie podía precisar su número exacto.

No obstante, César no se arredró y tomó todas las precauciones que juzgó necesarias para asegurar la victoria.

Aumentó, así, el número de soldados de su ejército, alistando dos legiones en la Galia Cisalpina, agregando luego las tropas que sus agentes reclutaron en África, Creta y las Baleares.

Una vez todo listo y reunidas todas sus tropas en el Franco Condado, se puso en marcha con la rapidez que le caracterizaba, y en quince días estuvo ya en territorio enemigo.

El desarrollo de las operaciones

Cuando los romanos llegaron a las puertas de la ciudad de Reims, sus habitantes enviaron a César a Iccio y Antebrogio, como embajadores para ofrecerle la sumisión de la ciudad y de sus moradores.

Sin embargo, todos los demás belgas estaban armados, y habían concertado alianzas con los germanos del lado izquierdo del Rhin para unirse todos contra César.

Iccio, por su parte, le manifestó que los belgas contaban en conjunto con los beoveses, que tenían unos cien mil hombres.

Tenían también a los suesones, con doce ciudades y unos cincuenta mil soldados. El rey Galba, que era famoso por su sentido de la justicia y la prudencia, sería el que mandaría en la lucha, teniendo el mando supremo de todas las tropas.

Además, estaban los servios, sumamente valientes, con otros cincuenta mil hombres. Los artesios, con quince mil. Los amienses con diez mil. Veinticinco mil los morinos, y los menapios nueve mil, lo mismo que los velocases y los vermandeses. Finalmente, los germanos con unos cuarenta mil guerreros.

Estos informes inquietaron, como era natural, a César, pese a que en su rostro no manifestase la menor emoción. Luego ordenó a Iccio y Antebrogio que trajesen a todo el Senado y a los hijos de los notables de Reims, como rehenes.

Todo se cumplió en el plazo señalado y César, ya tranquilo con respecto a la conducta a seguir por los remenses, se dispuso a entrar en acción.

Antes, no obstante, llamó a Divicíaco, al que ordenó ponerse al frente de los eduos, para irrumpir en las tierras de los beoveses arrasando sus campos.

A continuación, ordenó la construcción de un puente sobre el río Aisne, por donde cruzaron sus tropas levantando el campamento en la otra orilla. De esta manera, teniendo el río a su espalda, sabía que no podría ser sorprendido con un ataque por la retaguardia. Acto seguido, ordenó levantar un cerco de doce pies de altura y cavar un foso de dieciocho pies de profundidad.

Los belgas, mientras tanto, atacaron la ciudad de Fimes, a sólo unas ocho millas del campamento romano.

Los belgas atacaban de la misma forma que los celtas. Tras rodear por completo una ciudad, lanzaban contra las murallas gran cantidad de piedras, para dejarla limpia de defensores. Luego, formaban la empavesada, que era una especie de gran tortuga constituida por los escudos de los soldados colocados sobre sus cabezas, y de esta manera protegidos se

Durante los años de guerra, César consiguió la admiración y el respeto de sus valientes soldados.

acercaban a las puertas hundiéndolas a golpes y asaltando después la muralla.

Dicha táctica de nada sirvió a los belgas, porque César envió refuerzos a los sitiados con lo que pudieron ofrecer una gran resistencia a los atacantes.

Los belgas, desalentados, se retiraron optando por lanzarse contra el grueso del ejército romano en campo abierto, donde pensaban vencerlos gracias a su superioridad numérica.

Varios días transcurrieron a la expectativa, sin que César se decidiese a lanzar un ataque frontal, pero de pronto le avisaron que los belgas intentaban cruzar el río por un vado, para cortarle las comunicaciones con la Galia.

Enterado de este plan, César se puso rápidamente al frente de la caballería, y seguido por los arqueros y honderos, pasó el puente que custodiaba Quinto Titurio Sabino con seis cohortes, y alcanzó a los belgas en el momento de mayor confusión, cuando cruzaban el vado.

Naturalmente, la victoria acompañó a los romanos sin grandes esfuerzos.

Los soldados, al verse victoriosos, pidieron a César poder volver a atacar a los enemigos, pero César, más prudente, prefirió dejar que fuesen los bárbaros los que les atacaran, conservando así la ventaja de estar en un campo atrincherado.

Poco después, los belgas se reunieron en consejo y acordaron levantar el campo, cosa que hicieron con gran estrépito.

César, temeroso de un ardid de guerra, no se atrevió a perseguirles y se quedó con su tropa en el campamento, hasta que sus espías le confirmaron que, efectivamente, los belgas abandonaban el país en dirección Norte.

César comprendió que si aprovechaba la ocasión podría vencer por separado a aquellos pueblos, y penetró en las tierras de los suesones, sitiando la ciudad de Novo.

Pero no la tomó por asalto al momento, puesto que se lo impidió un ancho foso y la gran altura de la muralla, por lo que prefirió fortificar su campamento y preparar las máquinas que servían para escalar y abatir las murallas.

A la noche siguiente se refugiaron en la ciudad los suesones que huían del grueso del ejército belga. Éstos llevaron a los defensores de la ciudad la noticia de la fuga de los belgas y el desconcierto que reinaba entre los componentes de la Liga, lo que abatió aún más a los habitantes de Novo.

Debido a esto, no tardaron en enviar delegados que ofrecieron la entrega de la ciudad si eran respetadas todas las vidas.

Divicíaco, que después de la retirada de los belgas se había reunido de nuevo con César, habló en favor de los suesones.

César aceptó la rendición, pidiendo, sin embargo, seiscientos rehenes.

A continuación se fueron rindiendo a César todos los pueblos que constituían la federación de los belgas; solamente presentaron cierta resistencia los nervianos.

Éstos, sumamente belicosos y terribles en sus luchas, se ocultaron en los bosques próximos al río Sambre, y cuando César se dispuso a acampar junto a su orilla, todos se lanzaron contra las legiones.

Fue un ataque tan inesperado que César no tuvo tiempo de dar las órdenes oportunas.

La batalla fue espantosa y sólo la disciplina de las legiones evitó que fueran todos aniquilados.

Pero en el momento más peliagudo del combate, llegaron las dos legiones de la retaguardia mandadas por Labieno, y la batalla ofreció ya otro aspecto más favorable a los romanos.

Los enemigos empezaron a debilitar su ataque y los romanos aprovecharon tal coyuntura para hacer gala de su valor y su energía.

Se dice que de sesenta mil nervianos, solamente quedaron con vida unos quinientos.

Final de la guerra contra los belgas

Ya solamente quedaban por reducir a la sumisión los aduáticos. Con ello, César habría dominado a todos los pueblos coaligados contra él.

Cuando los aduáticos se enteraron de la derrota sufrida por los nervianos, se retiraron a una fortaleza emplazada donde hoy día se levanta la ciudad de Namur.

Cuando César llegó allí, al momento puso cerco a la fortaleza. Al principio, los sitiados salían de la ciudad para proceder a operaciones de sorpresa, pero no tardaron en quedar encerrados entre los muros de la fortaleza.

Y cuando vieron avanzar las tremendas máquinas de guerra, se asustaron tanto que enviaron embajadores a César pidiéndole la paz y ofreciéndole su rendición si les dejaba conservar la ciudad y las armas.

César aceptó la rendición, pero imponiendo la condición de que debían arrojar todas las armas al foso que defendía la fortaleza.

Los aduáticos fingieron obedecer tal orden y cayeron al foso muchas armas, pero el caer la noche, creyendo que César se habría dejado engañar y habría retirado sus guarniciones, empuñaron las armas que tenían escondidas y salieron con todas sus tropas atacando el campamento romano.

Pero las grandes señales de fuego que hicieron los centinelas avisaron a las legiones para que acudiesen al lugar del ataque, lo que hizo posible que los aduáticos tuvieran que retirarse a pesar de batirse con singular valor.

En aquella acción murieron unos cuatro mil bárbaros más, y al día siguiente César entró triunfalmente en la fortaleza, sin hallar resistencia.

De esta manera terminó la guerra contra los belgas en la que César venció contra un ejército diez veces más numeroso que el suyo, en una época donde lo que contaba casi exclusivamente era el número de soldados que componían un ejército.

Cuando en Roma se supo lo sucedido, el Senado decretó festejos solemnes durante quince días, lo que jamás se había otorgado a ninguno de sus victoriosos generales.

Escribiendo él mismo su magnífica campaña, César es altamente original, ya que crea su propio estilo y un nuevo género literario, con plena consciencia de lo que hace y sin que haya comparaciones posibles con otros maestros que le precedieron (Jenofonte: *La Anábasis*, Arato de Sición). Además, toma posición, como gustaba hacer a los escritores romanos, tal como venía haciéndose desde época ateniense cuatro o cinco siglos antes (Tucídides).

Todos los que hemos traducido del latín *La guerra de las Galias* con fines discentes y de deleite personal, nos admiramos del estilo fluido y rápido (César escribía sin corregir, no podía pararse) y de la frase nerviosa e incluso de lo que modernamente llamaríamos «impresionismo lingüístico»: además del colorido que agrega, dentro de la sencillez de lengua de que hablamos, narra a saltos. El lector ha de ir ligando y colocando en su lugar los planos o «manchones» que se suceden o superponen en la narración.

Con respecto a la autenticidad absoluta del libro, debemos decir que Pollio, autor asimismo de una importante historia de la época, actualmente perdida, hizo notar que César copiaba a veces los informes de sus comandantes subordinados, haciéndolo con demasiada fidelidad, defecto que habría corregido en una edición posterior. Pollio, que sirvió al mando de César, agregó que la memoria de éste no siempre era fiel. Pero esto no debe sorprendernos. No sabemos, hoy que la crítica literaria se decanta no sólo al aspecto formal de la obra sino que penetra con clara intención freudiana en el alma del autor, si César olvidaba o parecía que olvidaba y lo que escribía en ese estado era no lo que él había realizado, sino lo que hubiera querido realizar. Sin embargo, no podemos apreciar ni grandes lagunas, ni mentiras exageradas: al escribir para sus contemporáneos, éstos lo habrían advertido, había que obrar con sabia táctica de maestro para conseguir el fin apetecido: autoensalzar su figura. César o la pasión de mandar, podríamos decir, parodiando a Marañón.

Es finalmente interesante destacar los discursos que se incluyen en la obra y que no fueron pronunciados realmente. Pero esto lo sabía el romano que leía a César. Se trataba de una forma estilística muy en boga entre los historiadores: introducir arengas, ya en boca del autor, ya en la de uno de sus enemigos, con lo cual se llega a verdaderos retratos psíquicos de los personajes que hablan *(etopeya)*. La historia no hubiera quedado completa sin el testimonio de la parte opuesta.

Montaigne, el agudo escritor francés del Renacimiento, dijo a propósito de *Los comentarios:* «Éste debería ser el breviario de todo hombre de guerra, porque César es el verdadero y soberano maestro del arte militar.»

CAPÍTULO XI

EL TRIUNVIRATO DE ROMA

César se marchó a invernar cerca del río Po, donde tenía su avanzadilla sobre Roma.

Las noticias llegadas desde la capital imperial, sin embargo, no eran muy beneficiosas. Pompeyo y Craso se odiaban a muerte, y ni en público lo disimulaban. El partido popular perdía fuerza por los excesos cometidos por sus jefes, y César comprendió que si los conservadores volvían al poder se vengarían de los triunviros y, particularmente, de él.

La audacia de un genio

Para dominar la situación, le era preciso a Julio César dar un golpe espectacular, y éste, que siempre tenía recursos para todo en los momentos más comprometidos, hizo lo que podía considerarse una locura: a pesar de no haber dominado aún toda la Galia, la declaró provincia romana.

Entonces, el pueblo al igual que las clases aristocráticas de la República, se sintieron sumamente orgullosos de tal conquista y la admiración hacia César fue inenarrable.

Julio César, tras dejar algunas legiones distribuidas por la Galia, y otras al mando de Galba para sujetar a los pueblos de Valais, que habitaban cerca del paso de San Bernardo actual, con la misión de dejarlo expedito al comercio que iba a establecerse entre Italia y la nueva provincia, se dirigió a Luca, en la Galia Cisalpina.

A Luca acudió a rendirle homenaje una diputación de senadores, junto con Pompeyo y Craso, y César viose rodeado por una verdadera corte de aduladores, entre los cuales repartió parte de las riquezas obtenidas en la conquista de la Galia.

Reconstrucción del triunvirato

Después, en lugar de descansar tras las fatigas pasadas, César, siempre inquieto y previsor, decidió reconstruir el triunvirato, que había caído en el descrédito y era atacado por los aristócratas y los conservadores. Durante su estancia en Luca celebró largas conferencias con Craso y Pompeyo, hasta que al final logró ver aceptados sus proyectos.

Craso y Pompeyo se harían nombrar cónsules de nuevo, y ya elegidos prolongarían por cinco años el gobierno de César en la Galia, haciendo que el Senado votase los créditos necesarios para pagar a las legiones desde el comienzo de la guerra.

Con el dinero obtenido en la conquista se compraría al Senado y a los políticos, y se divertiría al pueblo para deslumbrarle. Finalmente, se emprendería la conquista de Persia, que además de gloria prometía grandes riquezas.

Fue fácil convencer a Craso, pues César le encargó la conquista de Persia, pero Pompeyo no se dejó convencer con tanta facilidad. En efecto, este general sentía que disminuía su prestigio en Roma y aspiraba de nuevo al consulado para ganar otra vez la buena opinión entre el pueblo, cosa imposible si lo intentaba contra César y Craso unidos. Pero al fin aceptó el plan de César y accedió a reconstruir el triunvirato.

Y de esta manera, a los cuarenta años de edad, César se convirtió, de hecho, en el árbitro de los destinos de Roma.

Aparentemente, era un triunvivo igual que los otros dos, pero en realidad era él quien gobernaba en Roma, puesto que era también él quien decidía todo cuando dictaba el triunvirato.

Los vénetos son derrotados

Pero toda la Galia no estaba sometida, y así varios pueblos galos se levantaron contra los romanos. Los principales enemigos de las legiones romanas eran los vénetos, que ocupaban la región de la desembocadura del Loira, poseyendo además una numerosa flota poco menos que invencible.

Pero César, siempre ingenioso, siempre resuelto, decidió atacarlos precisamente en sus bases, y cuando las naves de los vénetos quedaron inmovilizadas, los legionarios de César se lanzaron al asalto y la derrota de los adversarios fue total.

Labieno, por su parte, también había dominado a los bárbaros de Normandía, con sólo tres legiones, y Craso, el hijo del rico triunviro, tras cruzar el Garona, obtuvo una gran victoria contra los aquitanos.

César, entonces, se dedicó a reorganizar la nueva provincia, conquistando con dádivas y obsequios a los jefes de los diferentes pueblos sometidos.

Como dice el historiador grecolatino Plutarco en la *Vida Paralela*, dedicada a César:

> Desde que el Senado, en Roma, se enteró de estos acontecimientos tan extraordinarios, ordenó que se hicieran durante quince días sacrificios a los dioses y que se celebraran fiestas públicas; jamás hasta entonces se había hecho nada como esto para una victoria; pero la sublevación constante de tantas naciones había enseñado toda la grandeza del peligro; y el afecto del pueblo por César dio más realce

a la victoria, que se había logrado gracias a él. Celoso de conservar esta predisposición en la multitud, se marchaba todos los años, tras haber arreglado los asuntos de la Galia, a pasar el invierno en las cercanías del Po, para cuidar de sus negocios en Roma.

...No solamente daba toda clase de facilidades a los que proporcionaban los cargos y les daba el dinero necesario para corromper (sic.) al pueblo, sino que se decantaba hacia los magistrados que empleaban toda su autoridad en acrecentar su poder; pero además, se relacionaba con Lucques y con todo el que vivía en Roma si se trataba de un grande e ilustre personaje, tal como Pompeyo, Craso, Apio, gobernador de Cerdeña, y Nepote, procónsul de España; de manera que se trataba con casi ciento veinte lictores que llevaban los pabellones[1] y más de doscientos senadores. Lo que ocurrió allí antes de marcharse, es que tuvieron una reunión en la que convinieron que Craso y Pompeyo serían designados cònsules para el año siguiente; que se reservaría a César cinco años en el gobierno de las Galias y que se le proporcionaría dinero para la soldada de las tropas. Estas disposiciones indignaron a cuantas gentes sensatas había en Roma; pues todos los que daban a César dinero engañaban al Senado para protegerlo, como si estuviera falto de él, o bien arrancaban al Senado unos decretos de los que esta misma institución no podía dejar de quejarse. Es cierto que Catón estaba ausente; lo habían enviado a propósito a Chipre. Fanobios, celoso imitador de Catón, intentó

---

[1] Llevaban las enseñas de los magistrados, a los que precedían.

En repetidas ocasiones Julio César entró en Roma coronado con el laurel de los vencedores.

oponerse a estos decretos y viendo que sus protestas eran inútiles, se marchó fuera del Senado y entró en la asamblea del pueblo para hablar en voz alta contra estas leyes, pero no fue escuchado por nadie; unos se contuvieron por el respeto que tenían hacia Pompeyo y por Craso; la mayor parte querían congratularse con César y se mantuvieron callados, porque sólo vivían de las esperanzas que habían depositado en él.

CAPÍTULO XII

LA INVASIÓN DE BRITANIA

Terminada la campaña contra los germanos y a pesar de estar muy avanzado el verano, César pensó en invadir Britania, proyecto ya antiguo en su cerebro. Britania, en efecto, era un territorio misterioso del que se ignoraba si era isla o continente, que siempre había apoyado a los enemigos de Roma.

Decidido a probar la aventura, envió a su amigo Voluseno con una galera para que explorase las costas y buscase un lugar propicio al desembarco.

Cinco días más tarde, regresó Voluseno con nuevas que César consideró satisfactorias.

A medianoche del día siguiente, César se hizo a la mar con su escuadra formada por ochenta naves, donde iban dos legiones, y dieciocho barcos de carga destinados a la caballería.

Aproximadamente a las diez de la mañana llegaron a las costas de Britania ocupadas por gran cantidad de gente armada, dispuesta a impedir el desembarco.

César, sin vacilar, y habiendo reunido a los suyos, se dirigió a la playa avistada por Voluseno e inició el desembarco, que resultó muy difícil, ya que las naves, a causa de su tamaño, no podían aproximarse mucho a la orilla y los legionarios, embarazados por las armaduras y el peso de las armas, tenían que luchar contra el oleaje embravecido y contra los enemigos, que les atacaban lanzando la caballería hasta las primeras líneas de la costa.

Entonces, César ordenó acercar más las galeras a la playa y emplazar las máquinas de guerra, seguro de que los británicos no habrían visto jamás una cosa igual.

Realizada esta maniobra, los británicos se alejaron de la costa, pero los legionarios todavía estaban recelosos, sin atreverse a saltar al agua. Entonces, uno de los portaestandarte de la décima legión, la favorita de César, tras implorar la protección de los dioses, gritó:

—¡Saltad conmigo, soldados, si no queréis que nuestra águila quede en poder del enemigo! Yo, al menos, cumpliré con mi deber para con la República y con mi general.

Y saltó al agua llevando el águila hacia el enemigo, cuya pérdida era algo terriblemente ignominioso para la legión. Viendo aquel alarde de valor, todos los demás le imitaron saltando al agua y avanzando hacia los británicos.

Se luchó en la misma playa, con gran arrojo. Finalmente, César inclinó, con su certera táctica, la lucha a su favor, y los británicos huyeron a la desbandada.

Poco después, los británicos pidieron la paz y se sometieron a César, el cual se limitó a tomar algunos rehenes y explorar el territorio sin dominarlo en absoluto.

Un nuevo ataque

Unos días más tarde se levantó una tremenda tempestad, y a pesar del juramento hecho por los británicos, aprovechando el desmantelamiento de algunas naves romanas afectadas por la tormenta, olvidaron el juramento y atacaron a las tropas de César con un extraño ejército a base de unos carromatos armados y bien protegidos y multitud de jinetes, acometiendo precisamente a los legionarios de la séptima, que se habían alejado de la playa para recoger trigo.

César acudió al instante en socorro de sus legionarios y puso en fuga a los atacantes, que dejaron el suelo sembrado de cadáveres. Después, pensando que no era necesario continuar en un país tan hostil, regresó a la costa y pidió más rehenes a los subyugados británicos.

Volvió a las Galias, aunque pensando ya en un plan de conquista que deseaba poner en ejecución más adelante.

Oposiciones internas

Sus expediciones contra los germanos y los británicos valieron a César el aplauso de todo el pueblo romano, y al aproximarse el invierno del año 54 a. C., se retiró, como acostumbraba, a la Galia Cisalpina, desde donde prosiguió su campaña de captación de los romanos.

De esta manera, envió a Roma gran parte del dinero logrado en sus conquistas para levantar monumentos y dar magníficas fiestas. También compró esclavos y así llegó a ser uno de los hombres más opulentos de la nación.

Entre los esclavos se surtió de secretarios, archiveros y servidores y organizó una pequeña corte personal.

Todo esto llegó a oídos de Catón especialmente, el cual lo acusó de mostrarse tremendamente avaricioso y de tolerar las especulaciones de sus oficiales durante las guerras pasadas.

Pero el pueblo admiraba a César, que se había convertido en el más popular de los triunviros.

Fue en su casa de invierno donde César se enteró de la muerte de su hija Julia, esposa de Pompeyo. Esta nueva causó en Roma una gran consternación, pues con la muerte de Julia desaparecía el eslabón que mantenía unidos a los dos grandes rivales: César y Pompeyo.

Julia, en efecto, se había llevado a la tumba la paz que tanto necesitaba Roma.

La enemistad entre los dos prohombres ya no podría disimularse y algo muy grave se derivaría, sin duda, de la misma.

Ataques en la Galia

Como sucede en todas las colonias, en la Galia no reinaba exactamente la paz.

Cuando los galos vieron que las legiones romanas se hallaban separadas entre sí, urdieron rápidamente una conspiración, y estalló una terrible sublevación en todas las Galias.

Ambiórix, jefe de los eburones, atacó en un desfiladero a la legión mandada por Quinto Sabino y Lucio Costa, cuando los romanos más confiaban en su amistad.

Al mismo tiempo, Quinto Cicerón, comandante de la legión que invernaba en la región de los nervianos, fue atacado súbitamente por setenta mil guerreros eburones, aduáticos y nervianos, y pese a lo improvisado de la defensa, los romanos consiguieron contener el ataque.

Advertido César de aquella situación, se puso en camino y a marchas forzadas corrió en defensa de la legión de Quinto Cicerón, infligiendo una terrible derrota a sus enemigos.

Pese a esta victoria, las Galias no quedaron pacificadas por completo, puesto que las revueltas y las sublevaciones no dejaron nunca de producirse ya en una región, ya en otra, hasta que finalmente la guerra volvió a estallar con gran virulencia.

CAPÍTULO XIII

VERCINGÉTORIX

César pretendió, ante todo, terminar con Ambiórix, uno de los causantes de la sublevación, por lo que atacó a los pueblos donde podía estar refugiado aquel caudillo.

Los menapios, al verse perseguidos por las legiones de César, se dispersaron y se internaron en la región de las landas y marismas. Entonces se inició contra ellos una terrible guerra de exterminio, una auténtica caza al hombre, hasta que aquellos bárbaros acabaron por rendirse.

Pero César continuó atacando a los pueblos sublevados, por separado, y acentuó la crueldad para aterrorizar a todo el país.

La guerra de las Galias era ya, pues, una guerra de exterminio, cosa que en Roma se vio con muy malos ojos. Además, Roma acababa de sufrir un revés al ser totalmente exterminado por los partos el ejército destinado a la conquista de Persia, en una de cuyas batallas había muerto su general, el triunviro Craso.

Antes de finalizar el invierno, César volvió a reorganizar sus tropas y, ante la conspiración que fraguaban al parecer las naciones galas, le pidió a Pompeyo que le prestase dos legiones. A las mismas unió César otra alistada en la Galia Cisalpina y dobló el número de las cohortes que perecieron con Titurio.

Fue entonces cuando los pueblos de la Galia, ansiando sacudirse el yugo de Roma, expulsaron a los reyes impuestos por

César y publicaron bandos de guerra, convocando a una especie de lucha santa.

Según las leyes, los guerreros se presentaban armados y el último de los convocados en llegar era descuartizado en la plaza pública para ejemplo y escarmiento de los demás. En la asamblea convocada de los pueblos galos, tomó la palabra el príncipe Vercingétorix, caudillo de los arvernos, el cual pidió el mando supremo de la sublevación contra Roma.

Los demás jefes galos lo proclamaron su jefe supremo y regresaron todos a sus pueblos respectivos para alzarse en armas.

Vercingétorix impuso una disciplina absoluta entre sus hombres tal como la que imperaba en las legiones romanas. Después, reunió a sus aliados y les pidió que le suministrasen caballos y hombres armados para enfrentarse a las legiones de César.

En tanto Vercingétorix agrupaba a sus tropas, los chartrenses empezaron la rebelión atacando la ciudad de Cenabo y matando a cuantos romanos hallaron en ella.

César se enteró de aquel desmán en sus cuarteles de invierno, e inmediatamente emprendió camino, debiendo cruzar ríos helados y selvas cubiertas de nieve. De este modo, cuando menos lo esperaban sus contrarios, César se presentó ante los arvernos a fin de apoderarse de Vercingétorix.

Pero no lo encontró, pues el caudillo galo había iniciado a la sazón el sitio de Gorgobina, población de los boios, amigos de César.

A partir de aquel instante, César y Vercingétorix iniciaron una guerra, cada cual por su lado, cruel y muy sangrienta.

Mientras César conquistaba castillos y fortalezas, Vercingétorix incendió veinte ciudades para cortar las líneas de abastecimiento de los romanos.

Al final, éstos apenas tuvieron pan con que alimentarse, a pesar de lo cual sitiaron y entraron a saco en la ciudad de

Avarico, ocupada por cuarenta mil personas de las que apenas se salvaron setecientas.

El plan de Vercingétorix

César buscó el apoyo de sus amigos los eduos y emprendió la marcha hacia ellos. Pero precisamente aquéllos habían decidido levantarse también contra Roma, atacando la fortaleza de Nevers, donde César guardaba parte del equipo de sus legiones, los rehenes de la Galia, los silos de grano y gran cantidad de caballos comprados para la guerra.

Al saberse la noticia del nuevo levantamiento, se avivó la llama de la guerra que asolaba ya toda la Galia.

Fue entonces cuando Vercingétorix reunió a sus jefes y convencido de que la victoria era ya indiscutible, les animó a seguir destruyendo las ciudades a fin de impedir el abastecimiento de los ya débiles romanos.

Ante las protestas de los jefes, según los cuales no tendrían donde vivir tras conseguir la victoria final, Vercingétorix les recordó que era preciso conservar el honor menospreciando la vida. Y para conservar ésta es necesario despreciar las comodidades y las haciendas.

Una vez convencidos con estas palabras los jefes galos, Vercingétorix se puso al frente de sus tropas y continuó con su plan de hostigar a las legiones romanas.

El plan de César

Viendo César cuál era el proyecto de Vercingétorix, tan nefasto para sus legiones, dividió su ejército, dando el mando del otro grupo a Labieno, y ordenándole irse al Norte con dos legiones y atacar a los secuanos. Asimismo, le dio orden de pacificar toda aquella zona.

Pero César se equivocó al pensar que los galos estaban escarmentados por las últimas victorias conseguidas sobre ellos. No sólo la sublevación no había perdido fuerzas sino que las últimas derrotas habían hecho que los revoltosos, tras el primer momento de estupor, cobraran nuevos ánimos y prometiesen vengar a los vencidos.

Cuando llegó la primavera, César decidió atacar directamente a Vercingétorix y para ello puso sitio a Gregovia, capital de la Auvernia.

Los druidas galos en *Los comentarios*:

> *...tienden el culto divino, ofician en los sacrificios públicos y privados, interpretan los misterios de la religión: a ellos acuden gran número de adolescentes para instruirse y les tienen mucho respeto. Pues ellos sentencian casi todas las controversias públicas y privadas y, si se comete algún delito, si ocurre alguna muerte, si hay algún pleito sobre herencias o linderos, ellos son los que deciden y determinan los premios y los castigos; si alguna persona particular o pública no se atiene a su fallo, pónenla en entredicho. Este castigo es para ellos el más grave. Los así puestos en entredicho son considerados como impíos y criminales, todos se apartan de su camino; y rehúyen su encuentro y conversación por temor a contaminarse, ni se les hace justicia aunque la pidan, ni se les hace partícipes de honor alguno. Al frente de todos estos druidas hay uno que tiene entre ellos la autoridad suprema. Muerto éste, o bien le sucede otro que aventaje a los demás en prestigio o, si hay varios iguales se hace la elección por voto de los druidas; en ocasiones llegan a disputarse la primacia por las armas. En cierta época del año se reúnen los druidas en un lugar sagrado del país de los*

Persiguiendo a Pompeyo, César llegó a Egipto, en cuya Corte destacaba por su belleza la reina Cleopatra.

cernutes, considerado como el centro de toda la Galia. Aquí concurren de todas partes los que tienen pleitos y se atienen a sus decretos y sentencias. Créese que su doctrina tuvo origen en Britania y que de allí pasó a la Galia y todavia ahora, los que quieren penetrarla más a fondo suelen ir allí para aprenderla.

...Los druidas tienen por costumbre no acudir a las armas, ni tampoco pagan tributos como los demás; tienen exención de la milicia y están libres de toda carga. Movidos por tales privilegios son muchos los que se dedican a su profesión por inclinación propia o enviados por sus padres o allegados. Dícese que allí aprenden gran número de versos. Así es que algunos emplean en el aprendizaje veinte años. Esta enseñanza la aprendían por tradición oral. El punto capital de su doctrina es la imortalidad del alma que según ellos pasa de unos a otros después de la muerte y piensan que con esto se animan sobremanera a practicar la virtud, perdiendo el miedo a la muerte... enseñan a la juventud numerosas cosas acerca de los astros y de su movimiento, de la naturaleza de las cosas y de la fuerza y poder de los dioses inmortales.

CAPÍTULO XIV

GERGOVIA

Ya estaban ante Gergovia (o Gregovia, según algunos autores) donde finalmente César consiguió obligar a Vercingétorix a entablar batalla.

Y narra Plutarco:

> *Apoyado en la colina rocosa, su digno adversario sostiene el ataque romano. Deja que las legiones se estrellen para replegarse con graves pérdidas; inútilmente sacuden ellas los cerrojos de hierro con que les ha cerrado el camino; aquéllos se mantienen firmes y los asaltantes se acercan desangrándose, derrochando las fuerzas mejores en una lucha desesperada.*
>
> *Casi llorando de rabia, César se lanza ¿cuántas veces ya en este día? contra el ala izquierda, sin yelmo, con el manto rojo de Imperator rodeando el brazo izquierdo en vez de escudo y la espada en la diestra.*
>
> *No cree que nada pueda contener a la décima legión, y se arroja a las primeras líneas, empuja al portaestandarte al frente, se ve a muy corta distancia de los galos... ¡pero tiene que retroceder con los demás, retroceder hasta el fin!*
>
> *Y ante la mirada extraviada de César, la décima legión emprende la retirada en buen orden, sin ser hostigada. También los galos tienen bastante. El campamento protector acoge a los que se han salvado,*

*les ofrece aquello que más necesitan, o sea abrigo y
descanso.*

*Las pérdidas son graves pero no irreparables, no
se ha perdido ningún águila de legión, no hay ninguna unidad aniquilada...*

*Pero la espada de César ha quedado en manos del
enemigo, y él ha sido la primera vez en verse batido
en abierta batalla campal...*

La noticia del fracaso se esparció por toda la Galia, llenando de entusiasmo a los rebeldes, y César observó, con
espanto, cómo le iban abandonando los pocos pueblos de la
Galia que hasta entonces le habían sido fieles.

En esta situación, César se dirigió a Germania, donde alistó
un cuerpo de jinetes robustos y aguerridos, al par que concedía un merecido descanso a los romanos.

Luego, en el mes de agosto, reunido ya todo el ejército,
César se puso en marcha hacia el Sur, con las máquinas de
guerra, los esclavos, los restos del botín y toda la impedimenta, y acompañado por mercaderes italianos y todos los
que tenían algo que temer de la venganza de los galos.

Aquella marcha más parecía una franca huida. Era el aban-
dono por parte de Roma del país que había creído definitivamente conquistado y sometido, y que se le escurría de entre las
manos sin que los esfuerzos de sus legiones sirviesen de nada.

Pero fue entonces cuando sucedió algo que cambió completamente la situación. El mismo entusiasmo que agitó a los
pueblos de las Galias, al darse cuenta de su victoria, fue lo
que salvó a César.

Batalla cara a cara

Los caudillos galos, seguros de la victoria y ansiosos de
confirmarla completamente, obligaron a Vercingétorix a com-

parecer ante una asamblea para adoptar un nuevo plan de combate.

Vercingétorix no pareció muy determinado a aceptar el plan de presentar batalla al ejército en fuga. Sabía que sus soldados, por muy adiestrados que estuviesen, por mucho que triplicasen el número de los romanos, no podían competir en modo alguno con las legiones veteranas de César. Pero presionado por los demás jefes galos que exigían una victoria absoluta sobre César, aceptó el plan.

La aceptación de Vercingétorix llenó de entusiasmo a todos los galos, ignorantes de que César acababa de reclutar un cuerpo de caballería en Germania.

Y los jefes galos pronunciaron un juramento digno de ellos y de su barbarie:

—¡Que ninguno de nosotros vuelva a ver a sus hijos, padres o esposa, si no ha atravesado dos veces a caballo las filas de los romanos!

Y llenos de ánimos, los galos corrieron al encuentro de César, abandonando la táctica de guerrillas iniciada por Vercingétorix, que tan buenos resultados les había dado.

Cuando los dos ejércitos estuvieron cara a cara, Vercingétorix dio la señal de ataque, dividiendo su caballería en tres grupos, dos de ellos para proteger los flancos y el tercero para atacar por el frente. César hizo lo mismo, y lanzó la caballería germana contra los galos, dejando en el centro toda la impedimenta, protegida por las legiones.

El choque de las caballerías fue espantoso, pero si bien al principio parecieron ganar los galos, muy pronto la caballería germana, apoyada eficazmente por las legiones de César, consiguió poner en fuga a los enemigos que, al retroceder, sembraron el pánico y el desconcierto entre la infantería de Vercingétorix.

Y el ejército galo, perdiendo sus ánimos, tuvo que huir vergonzosamente, refugiándose en la plaza fuerte de Alesia, hasta cuyas murallas llegaron los romanos en su persecución.

Y César, que contaba con unas fuerzas muy inferiores en número a las de Vercingétorix, y pese a disponer de víveres sólo para poco tiempo, decidió jugarse, como siempre, el todo por el todo iniciando un sitio en toda regla.

Frente a la ciudad de Alesia

La ciudad de Alesia estaba situada en la cumbre de un monte muy alto, con dos ríos al pie de la montaña, de manera que parecía inexpugnable, pudiendo ser dominada solamente por medio del bloqueo.

Delante de la ciudad se extendía una pradera de tres millas cuadradas y por los demás lados la ceñían varias colinas de la misma altura.

Los galos acamparon frente a los muros de la ciudad, protegidos por un gran foso y un vallado de piedras.

César, sin dejarse amilanar por tantos obstáculos, inició las tareas de atrincheramiento para rodear la ciudad con un cinturón sofocante.

Desde los muros de Alesia, Vercingétorix observaba los trabajos de los legionarios y comprendió que si continuaba inactivo acabaría por tener que rendirse a los odiados romanos, y reunió al consejo de guerra.

Allí propuso lanzar la caballería sobre los romanos, no para regresar luego a la ciudad sino para cruzar las líneas enemigas y marchar hacia sus aliados, para que les ayudasen. De este modo, caerían sobre César todas las fuerzas de la Galia, quedando los romanos encerrados entre dos fuegos.

Las proposiciones de Vercingétorix fueron bien acogidas y aquella misma noche la caballería gala se lanzó contra los romanos, atacando la zona donde el vallado aún no estaba terminado.

Cuando Vercingétorix vio que la caballería había cruzado las líneas enemigas, ordenó a sus soldados, acampados fuera de los muros de Alesia, que entrasen y guareciesen la muralla.

Pero César intuyó el motivo de aquella maniobra y no se mostró dispuesto a dejarse sorprender.

Fue entonces cuando la mente de César concibió una idea, que todavía hoy se considera como la más genial de la guerra antigua: se encerró a sí mismo con su ejército en otra fortaleza.

CAPÍTULO XV

EL FINAL DE VERCINGÉTORIX

César, acto seguido, ordenó abrir dos fosos alrededor de la montaña, de setenta y cinco pies de anchura cada uno por cinco de profundidad. También hizo levantar un muro de dieciséis kilómetros, coronado por una fuerte empalizada y flanqueado por torres distantes entre sí ochenta pies.

Delante de los fosos se colocaron hileras de estacas puntiagudas, escondidas bajo ramaje, con objeto de detener los ataques de la caballería.

Luego, para contener al ejército que con toda seguridad le atacaría, hizo construir en el lado exterior otros fosos, y otra muralla semejante a la primera, de manera que los soldados que estaban distribuidos entre las dos líneas de defensa deberían correr a un lado o al otro, según por donde fuesen asaltados. Y si lo eran por ambos lados a la vez, se defenderían como mejor pudieran, dejando la estrategia al libre criterio de la veteranía de sus oficiales y según las necesidades del momento.

Los romanos pusieron manos a la obra con una actividad sin parangón. Y al cabo de cinco semanas estuvo todo terminado, mientras que en las Galias se alistaban innumerables guerreros y recogían grano en abundancia para acudir en socorro de Vercingétorix.

Cuando el ejército galo llegó ante el campamento y las defensas romanas, tanto sitiados como sitiadores sentían ya los rigores del hambre.

97

Si los galos se hubiesen limitado a cortar los suministros para los romanos, éstos se habrían rendido por el hambre, lo mismo que Vercingétorix. Pero impacientes, se lanzaron al ataque rápidamente, de manera tan impetuosa como desorganizada.

Los ataques

El general Cormio, al frente de trescientos mil guerreros galos, entabló el combate contra las disciplinadas, aunque famélicas, legiones de César. La caballería gala, por su parte, atacó en primer lugar pero fue dispersada por las tropas germanas alistadas previamente por César.

Al día siguiente, los galos volvieron a atacar la línea exterior de defensa al par que los sitiados se lanzaban al asalto de las defensas interiores.

Los romanos rechazaron briosamente los dos ataques, e infligieron terribles pérdidas al enemigo, que dejó el suelo cubierto de cadáveres, atravesados por las estacas.

Entonces, Cormio cubrió la pradera con su caballería en tanto que César distribuía su ejército en las dos trincheras excavadas, por si volvía a repetirse el ataque simultáneo del día anterior.

Ya todo dispuesto para la defensa de las trincheras, César dio orden a la caballería germana de acometer a los galos, apoyados por una legión de infantería.

Desde las murallas de la ciudad y desde las fortificaciones de César, seguían con interés expectante el desarrollo del combate.

La lucha estaba al parecer equilibrada por ambos bandos, hasta que al ponerse el Sol, los germanos obligaron a la caballería adversaria a retroceder, irrumpiendo con violencia en la retaguardia y en el campamento galo, con lo que el desconcierto y la desesperación de los sitiados fue en aumento.

Transcurrieron dos días sin que los galos atacaran a César y después intentaron otro ataque por la noche, esperando coger desprevenidos a los centinelas romanos, pero otra vez su intento quedó frustrado y fueron rechazados con grandes pérdidas.

Vercingétorix, prisionero

Al día siguiente tuvo lugar el último ataque. Las fuerzas de Cormio y de Vercingétorix se lanzaron contra los romanos al mismo tiempo. Los galos embistieron por todas partes, hostigando a los romanos con su superioridad numérica.

César, que se hallaba en una altura desde donde seguía las incidencias del combate, al ver que las legiones estaban acorraladas, descendió de allí y, mezclándose entre sus hombres, se dirigió a los lugares más débiles, animando a los legionarios con su presencia y sus palabras.

Los legionarios, a la vista de su hermosa y vistosa sobrevesta, apretaron en su defensa, estimulados por su general que estaba corriendo sus mismos peligros y, dejando a un lado los dardos, formaron en su genuino estilo de combate que siempre les había dado la victoria.

Empuñando las espadas, acometieron a los galos que huyeron a la desbandada, sin poder contener al ejército romano, pero sin que tampoco la precipitada fuga les salvara de la muerte.

Los sitiados, que en vano habían intentado escalar el muro, al ver a los que huían, y que eran precisamente los que hubiesen debido socorrerles, volvieron al interior de la ciudad, consternados y abatidos.

Entonces Vercingétorix volvió a reunir el consejo de guerra y exclamó:

Sabéis todos que no emprendí esta guerra por afán de lucro ni de poder ni gloria personal. Lo hice por el interés supremo de la defensa de la libertad de nuestro pueblo, pero he de reconocer que la fortuna se nos muestra contraria cuando más cercana creíamos la victoria.

No es éste el momento de formular reproches contra nadie ni dirimir si se han cometido o no errores en el desarrollo de los planes de ataque. Ha llegado la hora de pagar a los vencedores el precio de nuestra derrota.

Y como yo soy el jefe, me pongo en vuestras manos para que me sacrifiquéis por el bien de nuestro pueblo. Dadme la muerte y entregad mi cabeza a los romanos, o si lo preferís, para más satisfacerles, me entregaré a ellos con vida para que me hagan su esclavo.

Los jefes galos vacilaron en aceptar el sacrificio de Vercingétorix, pero no había otra solución para el pueblo galo, sino su entrega a César.

Entonces, enviaron mensajeros al caudillo romano, anunciándole su rendición.

Se abrieron las puertas de la ciudad de Alesia, y Vercingétorix salió montado en un caballo soberbiamente enjaezado. Lucía sus mejores galas y empuñaba sus mejores armas. Al llegar ante César, que le esperaba sentado en un rico sillón frente a las murallas de Alesia, Vercingétorix hizo que su montura diese una vuelta en torno al vencedor, después se apeó ante él, arrojó al suelo la armadura y todas sus armas, y se sentó a sus pies en señal de sumisión y vasallaje. El noble y heroico jefe galo permaneció inmóvil hasta que los líctores se apoderaron de él para llevarlo encadenado a Roma, donde estuvo seis años en la cárcel, hasta que murió decapitado.

Julio César, además de ambicioso, instruido y gran militar, ha pasado a la Historia como prototipo de la estética romana.

César, dueño de las Galias

Tras la rendición de Vercingétorix, César realizó una marcha a través de la Galia, que, sin embargo, no fue triunfal. Cuando ya por fin descansaban las armas, le era necesario proceder con el mayor miramiento posible. Los que se habían sometido voluntariamente y sin reservas tras la capitulación de Alesia, obtuvieron la restitución de los prisioneros sin rescate; la organización de los cantones no varió, o bien, donde fue indispensable, se adaptaron a la nueva situación con grandes precauciones.

Pero los impuestos que antes iban a engrosar el patrimonio de los grandes jefes galos, ahora afluían al tesoro romano, que acusó aquel espléndido ingreso.

Las legiones de César continuaron en el país, y desde los treveros, en el extremo nordeste, hasta los rutenos que confinaban con la Provenza o Provincia del sur, los campamentos de invierno quedaron unidos entre sí formando la cadena que unía la Galia a Roma indivisiblemente.

La marcha triunfal

El viaje de César comprendía también la inspección de los campamentos. Partiendo del territorio de los eduos, donde agrupó la mayor parte de sus fuerzas, seis legiones se reunieron en el reducido círculo en torno al foco de la sublevación: Vesoncio y Bribacte. Primero visitó los campamentos a orillas del Mosela y luego, cruzando siempre el camino batido por el ejército en la última campaña, cabalgó hacia el Sur.

Visitó Agendicuum, donde reuniera el ejército, y desde donde, tras la derrota de Gergovia, comenzó la retirada que debía trocarse en una marcha triunfal sin parangón.

Pasó por Vellaunodunum, que se aprestaba a renovarse después de un incendio; Alesia, en torno a lo cual empezaban a derribarse las obras gigantescas de la fortificación; Avaricum, ya transformada en colonia militar romana, donde lo saludó Sexto, el verdadero salvador de Gergovia; y la misma Gergovia, que le abrió sus puertas, tan largo tiempo cerradas para él.

El final de las guerras de las Galias

Acto seguido, César quedó dueño de la situación. Sometido y encadenado el jefe de los arvernos que había en realidad encabezado la sublevación contra Roma, César abandonó sus antiguos proyectos de regresar a Italia.

De nuevo se dirigió contra los galos, de los que sólo algunos pueblos le ofrecieron una mediana resistencia, prefiriendo una muerte digna a una rendición humillante. César tardó casi un año en sofocar todos aquellos focos de rebelión, pero al final los destruyó por completo.

Con todo lo cual y la organización de otros gobiernos locales, César dio por terminada su tarea, afirmando con mucha razón que la Galia ya pertenecía por entero a los romanos.

De este modo concluyó aquella lucha gigantesca, en la que la victoria se obtuvo, gracias, sobre todo, a la impetuosa y genial energía desplegada por un hombre llamado Julio César, que supo triunfar en todo: de las acechanzas de sus enemigos galos y de los obstáculos interpuestos en su camino desde Roma.

Para comprender bien el titánico esfuerzo de César en aquellos años, bastará decir que él mismo, en sus *Comentarios*, se ufana de que en ocho años tomó ochocientas ciudades, sometió a trescientos pueblos, mató a un millón de hombres, y vendió otro millón de cautivos como esclavos.

Sin embargo, y pese a los triunfos obtenidos, cuando César dio por totalmente pacificada la Galia, vio despechado cómo la población, y especialmente el Senado de Roma, no le tributaban el homenaje a que se creía merecedor.

De tamaña injusticia culpó a Pompeyo, que había aprovechado su ausencia para acrecentar su fama en perjuicio de la del general ausente en las Galias.

La rivalidad entre los dos hombres se agudizó de tal manera, que ningún político de Roma dudó que terminarían enfrentándose en los campos de batalla, arrastrando a la República a una guerra civil espantosa. Cosa que no tardó mucho en suceder.

Cayo Pompeyo el Grande era hijo de un antiguo cónsul y cuestor romano. Miembro de una poderosa familia patricia se unió al partido conservador y apoyó a Sila que trataba de restaurar el poder del Senado contra Mario. Venció a los partidarios de Mario refugiados en Sicilia y en África, con tal eficacia que sus tropas le proclamaron *imperator* (general victorioso) y le concedieron el apodo de Grande, y Sila no pudo rehusarle el beneficio del triunfo que por su edad y su rango no hubiera podido celebrar. A la muerte del dictador defendió la obra de éste contra Lépido y no licenció sus tropas, sino que se sirvió de ellas para amenazar al Senado y obtener el gobierno de la Hispania Citerior (77-71 a. C.). Gracias a la traición de Perpenna, pudo acabar con la resistencia de Sertorio, jefe de los partidarios de Mario en la península, Perpenna, lugarteniente de Sertorio, asesinó a su jefe y a su vez fue derrotado por Pompeyo y muerto (72 a. C.). A continuación regresó a Roma en triunfo.

Su popularidad aumentó con la derrota de la última banda de esclavos acaudillada por Espartaco (71 a. C.) que le permitió presentarse como pacificador de Italia. Limpió después de piratas el Mediterráneo y realizó una afortunada campaña en Oriente derrotando al rey Mitrídates del Ponto, conquistó Armenia y Siria y sometió a Fenicia y el reino de Jerusalén.

Formó con Craso y César el «primer triunvirato». Tras la marcha de Craso a Oriente y de César a las Galias, Pompeyo quedó como dueño de Roma en donde parecía tener todos los triunfos a su favor...

CAPÍTULO XVI

EL PASO DEL RUBICÓN

He aquí una de las gestas más meritorias de César, que ha dado origen a la frase «pasar el Rubicón», casi equivalente a la que originó otro héroe, éste español, Hernán Cortés, de «quemar las naves», queriendo indicar con ello que es imposible toda retirada, todo paso atrás, cuando se ha tomado una decisión.

Veamos cómo fue, pues, que César pasara el Rubicón.

Después de la guerra de las Galias

Si la guerra de las Galias había supuesto para César la admiración y el aplauso del pueblo romano, sin cesar de enviarle regalos, organizando festejos en el circo, y proyectando que todo el mundo supiese que tal cosa se debía a la generosidad de César, el Senado empezó a considerar excesivo el poder que comenzaba a tener aquel hombre, y trató de reducirlo, minando su gloria, diciendo, por ejemplo, que la guerra de pacificación había resultado muy onerosa para el Estado, que César se había comportado de manera deshonrosa para ser un patricio romano, y otras acusaciones, faltas casi todas ellas de fundamento.

César era, pues, objeto de esos alevosos ataques por parte de los componentes del Senado, lo que halagaba a Pompeyo, que era o creía ser la máxima autoridad una vez muerto Craso, de manera que lentamente fue prescindiendo de César en el gobierno.

Por otra parte, la corrupción en Roma era tremenda, e incluso en las elecciones o decisiones de suma importancia, colocaban unas mesas en las plazas para comprar con todo descaro los votos del pueblo.

En estas circunstancias, tanto el Senado como los patricios romanos volvieron sus ojos a Pompeyo, que por su prestigio era, según ellos, el personaje idóneo para volver al cauce las revueltas aguas del río romano.

Pompeyo se aprovechó de aquel movimiento en favor suyo y votó una ley prolongando su mandato en Hispania y África por cinco años, y en lugar de marchar a esas provincias como era su deber, se quedó en Italia considerando que su presencia era más necesaria allí.

César, decidido entonces a triunfar a pesar de sus adversarios, envió a Marco Antonio y a Curión a Roma para que, en nombre suyo, pidieran al Senado los poderes de cónsul para él, así como la prórroga de su mandanto en las Galias.

Esta petición asombró a los romanos.

Catón y sus partidarios protestaron vivamente, alegando que lo que César quería era el gobierno absoluto, o sea la dictadura, de manera que azuzaron a Pompeyo para que se opusiese a los deseos de César.

De todos modos, como a Pompeyo la faltaba visión de futuro, pensó que su puesto era seguro, y se limitó a ordenarle a César que le devolviese las dos legiones que le había prestado al empezar la sublevación de Vercingétorix.

César aprovechó lo que parecía una disminución de su fuerza para lograr más partidarios. Agasajó a todos los legionarios de Pompeyo, entregándoles doscientos cincuenta dracmas a cada uno, sabedor de que aquellos hombres, despues de esto le serían fieles por completo, cosa que sucedió, aunque al regresar a Roma se pusieran a las órdenes del rival del César.

Pompeyo, al ver que César había obedecido su orden, devolviéndole las dos legiones, se tranquilizó, aunque Catón estuvo mucho menos seguro del sometimiento de Julio César.

Entonces, Pompeyo mandó llamar a Apio, un amigo suyo, que había servido a las órdenes de César, para que explicase a los senadores qué opinión le merecía aquél.

Apio era un hombre ambicioso e inteligente, y aunque estaba muy ligado a César, conociendo cuál era el deseo de Pompeyo, y pese a saber cuáles eran los verdaderos sentimientos del ejército hacia aquél, mintió para halagar la vanidad de Pompeyo.

Aseguró, pues, que todos los legionarios, que el pueblo entero estaba mucho más en favor de Pompeyo que de César. Pero fue Curión quien lanzó una especie de bomba sobre el Senado al levantarse y declarar:

Nobles señores, el no menos noble César está dispuesto a resignar el mando de sus tropas, a condición de que Pompeyo renuncie asimismo a las suyas, quedando los dos reducidos a la condición de particulares y a disposición de lo que dictamine el Senado, pues si a uno solo de ambos se deja el ejército, la debilidad y la imposibilidad de defensa del contrario le pondrá en situación de poder implantar la tiranía.

Esta hábil proposición pilló por sorpresa a los partidarios de Pompeyo que inmediatamente vieron que le sería muy grata al pueblo, por su apariencia de justicia. Para contrarrestar la corriente de simpatía que se creaba hacia César, el cónsul Marcelo gritó:

—¡Eso es vana palabrería que a nada conduce! ¡César es un ladrón y hay que tratarle como a tal! ¡Que deponga las armas o tendremos que considerarle traidor a la patria!

Los amigos de César protestaron, y entonces se propuso una votación para saber si Pompeyo debía deponer las armas.

La mayoría de los senadores protestó contra esto. Posteriormente, se votó también si César debía deponer el mando y la mayoría votó afirmativamente.

El resultado no satisfizo a los amigos de César que, espoleados por Marco Antonio y Curión, armaron un terrible alboroto, con lo que finalmente el Senado se disolvió sin haber adoptado una resolución firme.

Entonces, Marco Antonio se presentó en el Foro y proclamó ante el pueblo la injusticia que estaban cometiendo con Julio César. Las aclamaciones y vítores de la masa llegaron hasta los senadores y éstos y los amigos de Pompeyo comprendieron el peligro que los amenazaba... si no obraban en consecuencia.

Marcelo y los otros senadores amigos de Pompeyo salieron de Roma y se dirigieron al campamento del general situado en las afueras de la capital, donde Léntulo gritó:

—¡Roma está estremecida de horror por la osadía de César, quien asegura haber cruzado los Alpes con diez legiones! ¡La defensa de la República nos exige a todos un esfuerzo por salvarla!

Marcelo, a su vez, se enfrentó a Pompeyo:

—Te ordeno, noble y gran general, que defiendas la patria con las tropas que tienes reunidas y levantes otras para ello.

Y Pompeyo obedeció el mandato. Todos los propósitos de conciliación se habían perdido. Las proposiciones de Cicerón, que intentaba evitar una guerra civil, casi inevitable, enojaron a los patricios y senadores que apoyaban a Pompeyo, y Antonio y Casio, tan amigos de César, se vieron obligados a disfrazarse para huir de las iras de los partidarios de Pompeyo, y así llegaron al campamento de César que a la sazón se hallaba en Rávena, sin figurarse que muy pronto debería entrar en una guerra.

Cuando César se enteró de la decisión del Senado, viose obligado a adoptar una decisión suprema para no verse aplastado por sus contrarios.

Esta decisión no fue otra que la de cruzar el río Rubicón, que separaba las provincias gobernadas por César, de una parte, y por Pompeyo, de otra. Con esta acción, César iniciaba algo que ya no tenía remedio: la guerra civil.

CAPÍTULO XVII

ALEA JACTA EST

Durante los diez años que habían durado las guerras de las Galias, César conquistó la consideración, el respeto y la admiración de sus aguerridos soldados. Las legiones le eran totalmente adictas, pues si bien había sido muy severo con la disciplina (él era el primero en someterse a ella), por otra parte, también, siempre se preocupó del bienestar de sus soldados, premiándoles cuando lo merecían. Les llamaba sus amigos, conocía todos sus nombres y los trataba más como camaradas que como soldados. Fomentó en ellos el amor al lujo y a las corazas y armas doradas, medio seguro de atraer a los sencillos campesinos que en realidad eran.

Muy seguro, por tanto, de sus hombres y teniendo que jugarse el todo por el todo, César se dispuso a infringir la ley poniéndose al frente de sus legiones y entrando en Roma, demostrando con esta acción a Pompeyo y al Senado que no temía a la guerra civil, y que estaba decidido a combatir por su vida hasta el último instante.

Así, reunió a sus oficiales y les obligó a jurar que lo que iba a revelarles no lo repetirían jamás a nadie. Todos lo juraron.

Pues bien —les confió acto seguido—, *esta noche abandonaréis Rávena con los mil quinientos hombres que tenemos aquí. Iréis hacia Rímini y la ocuparéis por sorpresa al amanecer. Luego, aguardaréis mis órdenes.*

Así, pues, un destacamento compuesto de centuriones y soldados fieles había recibido la misión de atravesar, de forma clandestina, la frontera. Tenía, asimismo, la obligación de ocupar Rímini, que era uno de los sitios clave de Italia viniendo de la Galia.

El propio César, durante aquella tarde, ofreció un aspecto despreocupado y alegre, mostrándose en público, asistiendo a un combate de gladiadores y, finalmente, compartiendo la cena con numerosas personas. Pero a mitad de la cena César pretextó una ligera indisposición y se retiró.

Lo que en realidad hizo fue subir a un carro que le estaba esperando cerca de la casa. Algunos de sus más fieles hombres le seguían por diversos caminos. César viajó durante toda la noche y llegado el amanecer decidió detenerse. Prefirió abandonar el carro y seguir a pie por sinuosos caminos. Por fin, llegó a orillas del río Rubicón. Las cohortes que había enviado adelantadas ya se encontraban allí.

Había que decidirse a cruzar el río. Algunos biógrafos comentan que este río nace de una modesta fuente y que su cauce es más bien bajo en verano, pero que en invierno baja en forma torrencial debido a las lluvias y a los deshielos de las montañas, lo cual hace aumentar considerablemente el volumen de sus aguas.

César no podía perder, sin embargo, el tiempo en la construcción de un puente. Por lo que se decidió que la caballería formaría una barrera contra corriente, y así la infantería podría vadear fácilmente el río.

Este histórico hecho sucedía el 12 de enero del año 49 a. C., al amanecer.

Se cuenta que César pronunció las palabras *Alea jacta est* —«la suerte está echada»— en el momento de llegar a la otra orilla del río.

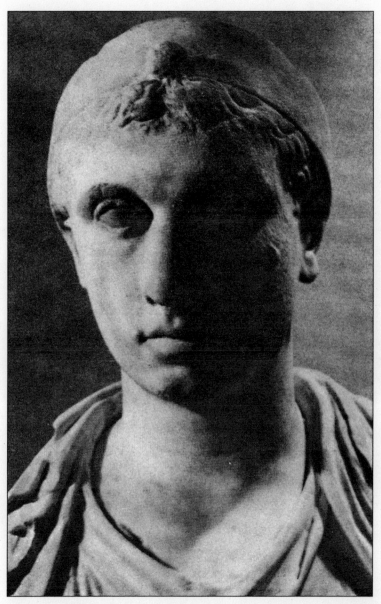

El idilio de Cleopatra con Julio César le aseguró a la bella egipcia la primacía sobre los pretendientes al trono.

CAPÍTULO XVIII

LA GUERRA CIVIL

Cuando supieron en Roma que César había cruzado el Rubicón y ocupado Rímini, reinó un tremendo pánico en el Senado. Toda Italia se conmovió ante tal noticia, y las ciudades del Norte se despoblaron, asustados sus habitantes, huyendo todos hacia la capital, temerosos de las tropas de César.

Por su parte, Pompeyo no estuvo a la altura de las circunstancias, mientras su mansión se veía invadida por el Senado en pleno y por una ingente masa de personas que le pedían a gritos que defendiese a la patria. Dominando el tumulto, el senador Tulo le increpó:

—¡Pompeyo, habla! Di con qué fuerzas cuentas para luchar contra César. ¿Cuántas legiones tuyas están dispuestas a defender la República?

Pompeyo no supo qué contestar, hasta que al final reveló que tenía dos legiones dispuestas, las mismas que estuvieron en las Galias, con un total de treinta mil hombres.

Ya nadie aguardó más. Senadores y demás autoridades prepararon rápidamente sus bártulos, y los cónsules llegaron a olvidar sus prácticas religiosas para huir cuanto antes de Roma.

La capital quedó casi desierta en unas cuantas horas, pues Pompeyo había pedido que en Roma no quedara nadie que no fuese amante de la libertad y fiel defensor de la patria. Aquella proclama hizo huir de Roma incluso a varios amigos de César, como Labieno que, según uno de los biógrafos latinos, había combatido con César en las Galias al mando de una de las legiones.

La ciencia militar de César

El primer acto guerrero de César consistió en atacar a Domicio Aenobardi que, con treinta cohortes, ocupaba la ciudad de Corfinio. César rodeó la ciudad con una valla y varios castillos e intimó a los sitiados a la rendición.

Pese a que Domicio arengó a sus hombres y despachó correos pidiendo socorro a Pompeyo, los sitiados creyeron preferible congraciarse con César que defenderse de sus ataques. Para ello, una mañana enviaron a Léntulo, quien desde lo alto de la muralla de la ciudad pidió ser recibido por César como emisario de los sitiados. César consintió en ello.

Léntulo, ya en presencia del invicto César, le manifestó que todos los habitantes de Corfinio estaban dispuestos a entregarse a la discreción de César, y que únicamente era Domicio quien les obligaba todavía a contenerse dentro del recinto amurallado de la ciudad.

—Te suplico, oh, César —continuó Léntulo—, que no tomes represalias contra los habitantes de esta desdichada ciudad, ni tampoco en mi persona. Piensa en lo mucho que he tratado de hacer en tu favor, y en la antigua amistad que nos une...

Julio César, más buen psicólogo aún que hábil militar, comprendió que su misericordia obraría milagros, predisponiendo a la gente de toda Italia a su favor, por lo que accedió a lo que le rogaba Léntulo.

Éste volvió a la ciudad, y cuando, estupefactos, todos le vieron llegar con vida y escucharon cuanto tenía que decirles en nombre de César, prorrumpieron en vítores, salieron de Corfinio y se dirigieron al campamento de César, rindiéndose a su generosidad.

Tras aquello, César unió el ejército de Domicio al suyo propio y prosiguió el avance, aunque no con tanta rapidez como suponían sus enemigos, puesto que César ponía el máximo cuidado en deshacer los trabajos de reclutamiento de los generales de Pompeyo y tranquilizar a las ciudades italianas.

Por todas ellas corrió la nueva de la manera en que se había comportado en Corfinio y, una tras otra, todas las poblaciones de Italia fueron cayendo en sus manos sin ofrecer la menor resistencia.

Huida de Pompeyo

La conducta de César con los vencidos le ganó muchos partidarios para su causa y engrosó notablemente su ejército. Así, cuando consideró que tenía a su mando tropas poderosas, se dispuso a atacar a Pompeyo directamente. Sin embargo, todavía vacilaba, cuando sus hombres le trajeron a un preso, Magio Cremona, intendente de las máquinas de guerra de Pompeyo.

Al tenerle delante, César le manifestó:

—Te dejaré en libertad con una condición.

—Tú mandas, Oh, César, pero te ruego que no me obligues a nada deshonroso.

César le encargó solamente que fuese al campamento de Pompeyo y propusiese una entrevista entre los dos caudillos, a fin de firmar una paz honrosa para ambos, salvando de esta manera a la República de muchos sinsabores.

Cremona partió de inmediato, pero César, por si esta gestión fracasaba, continuó avanzando hacia la ciudad de Brindisi, donde Pompeyo embarcaba sus tropas para marchar a Oriente y preparar allí su ejército, a fin de regresar y enfrentarse con César en óptimas condiciones.

Magio Cremona no tuvo éxito en su empresa, y cuando César llegó a Brindisi, vio que su rival ya había embarcado con sus tropas, rumbo a Dirraquio.

César en Roma

Cuando llegó a Roma, César vio que poco había cambiado durante sus años de ausencia. Sus amigos y partidarios le aclamaron con entusiasmo, si bien el pueblo se mostraba más curioso que contento.

Entonces, César se presentó ante el Senado con el afán de justificar todas sus acciones y obtener el reconocimiento de su derecho. Su discurso continuó en la misma línea de ideas manifestada en los actos y palabras pronunciadas desde que había cruzado el Rubicón.

No he apetecido jamás ningún empleo extraordinario —proclamó—, para que se me injuriase diciendo que aspiraba a la tiranía. Logré el Consulado y a su tiempo de duración me atuve. Se prorrogó mi mandato y en las Galias continué fiel a este deber. Después, volví a solicitar el Consulado y en vez de oír a mis mensajeros, éstos fueron expulsados de manera ignominiosa de Roma como forajidos, sin respetar su condición de tribunos del pueblo romano.

A pesar de que mis enemigos me han acusado e insultado de continuo, yo no he dirigido ni una sola palabra acerca o contra ellos, sino que, pacientemente, propuse que se licenciaran los ejércitos de Pompeyo y los míos, quedando probada la parcialidad de mis rivales al pretender que hiciera yo aquello que Pompeyo no estaba obligado a hacer.

*Por eso, me atrevo a pedir al Senado que tome con-
migo la obligación de proteger a la República y gober-
narla conjuntamente, aunque os advierto que si ello
os causa temor, dispuesto estoy a gobernar yo solo.*

*También propongo, además, que se envíen diputa-
dos a Pompeyo para que cese en su actitud hostil y
vuelva a Roma para hacer la paz, toda vez que no
quiso hacerla antes a pesar de mis intentos amistosos.*

Naturalmente, los senadores se dieron cuenta de las intenciones de César, o sea ostentar el mando supremo y único del
Estado, pero no osaron contrariarle abiertamente y como, por
otra parte, tampoco estaban seguros de cuál iba a ser el resultado de la lucha entre Pompeyo y César, evitaron tomar un
partido definido por uno o por otro.

César, comprendiendo sus pensamientos, no hizo caso de
ellos y continuó adelante en sus propósitos, decidido a triunfar esta vez.

Envió mensajeros a todas las ciudades costeras de Italia
para que se reuniesen en Brindisi todas las embarcaciones
que tuvieran, haciendo construir además gran número de naves
de guerra.

Como los gastos de todo ello eran cuantiosos por todo ello,
César se dirigió al templo donde se guardaban los tesoros del
erario.

—¡Atrás, César! —le gritó Metelo, el caudillo del pueblo—. No sigas adelante. La ley te prohíbe apoderarte de
estos tesoros, propiedad del pueblo.

Pero César no estaba de humor para acatar tales prohibi-
ciones. Amenazó a Metelo si no se apartaba, y tras una breve
discusión, César ordenó abrir violentamente las puertas del
templo y penetró en el recinto, apoderándose del tesoro del erario público, lo cual era un acto netamente revolucionario.

A partir de entonces, César imprimió a todos sus actos la rapidez requerida por las circunstancias. Sin embargo, casi todos los habitantes de la República se hallaban contra él o desconfiaban de sus promesas de paz. Los partidarios de Pompeyo eran muy numerosos y contaban con el apoyo del Senado y de la aristocracia romana. César, para apoderarse del trigo necesario para sus soldados, conquistó Cerdeña y Sicilia, el norte de África e Iliria, que eran los graneros más cercanos a Roma.

A continuación, César cruzó los Alpes, atravesó la Galia ulterior y penetró en Hispania, anunciando antes a sus hombres:

—Vamos a batir a un ejército que carece de general. Después, derrotaremos fácilmente a ese general sin ejército.

La guerra en Hispania

Pompeyo tenía siete legiones en Hispania al mando de los generales Afranio, Varron y Petreyo. El segundo tenía la orden de quedarse en la Hispania Ulterior a fin de impedir que las tribus sólo sometidas a medias se sublevaran. Los otros dos, con cinco legiones, tenían asimismo orden de avanzar hacia Ilerta (Lérida), que era una ciudad fortificada que defendía la entrada de Hispania por los Pirineos, en el valle del río Segre.

Los partidarios de Pompeyo poseían, además, el puerto de Marsella, al que puso sitio César, dejando las tropas al mando de Décimo Bruto, mientras él penetraba en Hispania.

Si los contrarios de César esperaban que la Galia se sublevase, se vieron defraudados, pues César incluso logró allí reclutar más gente, retirando sus legiones y aumentando de este modo sus efectivos militares.

César deseaba trabar pronto una batalla decisiva, a lo que los pompeyanos se negaron continuamente. Conociendo bien a los hispanos, poco adictos a César y las dificultades que éste tendría para abastecerse, los leales a Pompeyo preferían aguardar y desgastarle por hambre. Efectivamente, los soldados de César llegaron a padecer un hambre atroz, aunque no por mucho tiempo.

Décimo Bruto habíase apoderado de Marsella, venciendo a la flota pompeyana. La noticia, que conocieron rápidamente los hispanos, provocó un cambio de actitud, y temiendo la venganza de César, empezaron a proveerle de víveres, los que estaban destinados a los soldados del general Afranio.

Fueron los pompeyanos los que entonces corrieron el peligro de perecer de hambre. Sólo pensaron, pues, en retirarse y alcanzar los montes como un refugio entre los celtíberos. Pero César frustró sus proyectos y forzó la marcha hasta ocupar un desfiladero por el que tenían que pasar forzosamente las tropas de Afranio en retirada.

La lucha no cejaba hasta que caían los enemigos de César, que retrocedían sin poder reorganizarse y presentar combate. Viendo esto, el general Afranio se entrevistó con César.

Afranio se disculpó, alegando que su deber como militar era combatir obedeciendo las órdenes de sus superiores. César reconoció esta disculpa en lo que valía y le perdonó la vida, a él y a sus subordinados. Muchos de éstos se alistaron en los ejércitos de César, contentos de haber salido tan bien librados de la derrota.

César no tardó mucho en sorprender a Varrón y sus dos legiones, que también se rindieron, con lo que la península quedó libre de pompeyanos, pasando toda ella a poder de César.

CAPÍTULO XIX

EL FINAL DE LA GUERRA CIVIL

La campaña de Hispania tenía gran importancia para César, como preludio de la que debía emprender en África. En efecto, sus legiones africanas habían sido totalmente derrotadas por los númidas, cuyo rey Juba era aliado fiel de Pompeyo, y la flota y las tropas que al mando de Dolabella habían ido a conquistar la Iliria habían sufrido serios reveses.

César sabía que Pompeyo acababa de conjuntar un ejército de al menos cincuenta mil hombres y que estaba dispuesto a ofrecerle combate. Además, el Epiro, Grecia y Macedonia, que estaban ocupadas por Pompeyo y donde César deseaba atacarle, eran países pobres con pocos recursos para un ejército que no tenía una flota que le aprovisionara.

Pero César estaba dispuesto a todo. Regresó, pues, a Roma, donde sólo estuvo once días, durante los cuales promulgó gran cantidad de leyes encaminadas a sosegar el país y ganarse la confianza del pueblo. Se hizo nombrar cónsul en el año 48 a. C., y ya con poderes legales, pudo presentarse siempre como representante de la República.

Mientras tanto, la flota le esperaba en Brindisi, y todo estaba a punto para emprender el gran ataque contra Pompeyo y sus ejércitos, en tierras de Grecia.

Se rumoreaba que la expedición se iniciaría en la primavera próxima, pero la verdadera intención de César era que Pompeyo se confiara y sorprenderlo de improviso. De modo que en el mes de diciembre, César se presentó en Brindisi, reuniendo a seiscientos hombres de caballería y cinco legiones, a todos los cuales, según su costumbre, arengó prolijamente:

Hemos llegado al final de nuestras labores, y vamos a abandonar Italia, dejando aquí los equipajes y los esclavos. De esta guisa nos moveremos con mayor rapidez y sin estorbos. Además, sin llevar impedimenta con nosotros, cabremos más en los barcos y viajaremos con más comodidad.

Mas no temáis. Vamos a la victoria y todo debéis esperarlo del triunfo y de mi liberalidad, pues sabré recompensaros dignamente el sacrificio que ahora vais a realizar por mi causa.

Acto seguido, César se hizo a la mar, cruzando el Jónico. Al día siguiente llegó a la costa y desembarcó en las playas de Oricum.

Mientras tanto, las legiones rezagadas siguieron adelante hasta Brindisi donde ya les aguardaba Marco Antonio para ponerse a su mando y reunirse rápidamente con César.

Una vez en camino, casi todas las ciudades se rindieron a él sin resistencia, con excepción de Dirraquio, la más importante, a donde se había dirigido Pompeyo a marchas forzadas desde Macedonia al enterarse del desembarco.

Los ejércitos de César y Pompeyo estaban ya frente a frente, sólo separados por un río, el Apsus.

Cesar envió de nuevo mensajeros a su adversario para que cesaran las hostilidades, pero Pompeyo, creyéndose, tal vez con razón, el más fuerte, se negó a toda entrevista.

El disfraz de César

Algunos historiadores relatan una anécdota que con toda seguridad es cierta, justificando por sí sola el gran temple de Julio César.

124

Las muchas vicisitudes de su existencia se reflejan en las maduras facciones de esta escultura de Julio César.

En efecto, la contestación de Pompeyo al negarse a un acto de conciliación, no cogió a César desprevenido, pues sabía que se hallaba en una posición harto comprometida, cosa que Pompeyo ignoraba.

Y pasaba el tiempo sin que ni uno ni otro trabasen combate. Pompeyo porque no acababa de decidirse, y prefería esperar a que las tropas de su contrincante se consumiesen de impaciencia y se rindieran.

Por su parte, César no se atrevía a enviar su reducido número de soldados contra las posiciones enemigas, ya que estaba seguro de que ello sería una locura mortal.

Según Plutarco, los hombres de César terminaron por alimentarse de ciertas raíces con las que fabricaban panes, algunos de los cuales arrojaban a las líneas pompeyanas, gritando:

—¡Mientras la tierra nos dé estas raíces no nos rendiremos!

Fue en aquel instante cuando murió Bíbulo, y como Pompeyo tardó algún tiempo en decidir quién debía sucederle en el mando de la flota, César pensó que Marco Antonio aprovecharía la ocasión para romper el bloqueo naval y llevarle las legiones de refuerzo.

Pero al ver que Marco Antonio no se presentaba, César concibió un proyecto audaz. Iría él mismo en busca de Marco Antonio.

Se puso las ropas de un esclavo, se embarcó en una nave de escaso calado y se marchó, sin dar cuenta a nadie de sus propósitos.

La embarcación descendió por el río hasta el mar abierto, pero el tiempo, que hasta entonces había sido benigno, se puso en contra de César. Se desencadenó una tremenda borrasca y el piloto, al intuir el peligro se dispuso a cambiar el rumbo y regresar al puerto. César corrió hacia él.

—¡Avante y sin detenernos!

—¿Cómo voy a obedecer a un vil esclavo? Yo soy aquí quien manda y quien conoce su oficio... —replicó el piloto.

—¡No temas, que llevas contigo a César y su fortuna!

Cuando le reconocieron, toda la marinería se olvidó del peligro del temporal y luchó contra los elementos, pero sus esfuerzos fueron inútiles y el barquichuelo empezó a hacer aguas.

A una órden de César, viendo el grave peligro con que se enfrentaba, volvieron a puerto.

Por suerte, la tempestad había servido a su causa, sin que él lo supiera, pues Marco Antonio salió de Brindisi y se dirigió a la costa, embarcando con sus hombres, llegando junto a César y reforzando así su ejército.

La derrota de César

Una vez con todo el ejército reunido, César fue al encuentro de Pompeyo, pero fue éste entonces quien rehuyó el combate. César, harto de tanta inactividad, consiguió cercar a los pompeyanos, repitiendo una de sus maniobras favoritas.

Pronto se iniciaron las escaramuzas en torno a los campos que los soldados de César fortificaban. César estaba en todas partes, alentando a los suyos, pero una de dichas escaramuzas adquirió de pronto el carácter de verdadera batalla, y los hombres de César empezaron a retroceder.

César se presentó en primera fila al comprender el peligro, pero sus esfuerzos resultaron vanos, y en un momento dado, en que pretendió contener a un legionario que daba la espalda a los contrarios, su vida corrió grave peligro.

Cuando César increpó al soldado, éste pretendió hundirle el cráneo con su espada.

Pero el escudero de César se abalanzó sobre el soldado, y salvó la vida de su amo.

Y César se salvó de la muerte pero no de la derrota.

En aquella ocasión murieron más de mil hombres de César y, según Plutarco, el enemigo le arrebató treinta y dos insignias.

Lo peor era que César reconocía que, a no ser por la falta de decisión de Pompeyo, la derrota podía haber terminado en una verdadera catástrofe.

Efectivamente, Pompeyo, en vez de perseguir a las tropas en retirada de César, prefirió retroceder a su campamento con sus victoriosos soldados.

César pensó por la noche retirarse a Macedonia y, turbado por negros presentimientos, el ejército cesariano se puso en marcha, seguido de cerca por las tropas pompeyanas.

Pese a que la situación de su rival era para Pompeyo insostenible, seguía fiel a su táctica de dejar que fuese el agotamiento el principal azote de César y sus hombres. Pero los oficiales de su ejército no opinaban lo mismo, pues deseaban aplastar a César de una vez para siempre. Impacientes, arrastraron a Pompeyo y obligaron así a César a aceptar la batalla.

Y fue en Farsalia donde los dos ejércitos se encontraron, con una gran diferencia de hombres a favor de Pompeyo.

CAPÍTULO XX

LA BATALLA DE FARSALIA

Dejemos que sea el historiador Mirko Jelusich quien relate, a su manera, la batalla de Farsalia, que tanta resonancia tuvo en la Antigüedad, y que fue decisiva para la suerte posterior de Julio César:

Décima, séptima, sexta; decimotercia, duodécima, undécima, octava, novena. Veintidós mil hombres, mil a caballo.

¡Calma, calma!

El riachuelo ofrece suficiente cobertura a las alas del ejército. En él se apoya la novena legión, que aún no se ha repuesto del golpe recibido en Dirraquio. Estrechamente unida a ella está la octava, en tal forma, que constituye una férrea masa compacta que debe de ser a un tiempo defensa y sostén. Las otras están dispuestas en intervalos normales; de ellas, César se puede fiar. A la extrema derecha está su amada décima que debe mantenerse libre en una colina.

El riachuelo ofrece suficiente protección. Por lo tanto, no ha sido demasiada osadía quitar de allí a la caballería germánica para situarla en el flanco del ala derecha; sus cráneos son lo bastante gruesos, anchos y duros para sostener incluso un ataque de fuerzas superiores.

La mirada de César espía el campo contrario, donde se alinean, columna a columna, las legiones del ejército senatorial.

Precisamente, frente a los soldados de la décima están las dos legiones que en otros tiempos hubo de ceder César a Pompeyo. ¡No es muy prudente oponer tropas que ya han servido a las órdenes de César contra las legiones escogidas de César!

¡Adelante!

Legiones asiáticas e italianas. Luego, las dos siríacas, como restos del ejército de Craso. Aunque están bastante lejos, se distinguen los uniformes desgarrados, los rostros demacrados, reveladores de los grandes padecimientos y fatigas pasados.

Después, una legión de reclutas, seguida de una hispana, y finalmente una siciliana. Todo esto no hará mucho daño a la novena.

¿Dónde está Pompeyo? En su ala izquierda, frente a César. ¿Quizá porque no se fía de las dos legiones entregadas por César? ¿O porque desea dar allí el mayor golpe?

En el campo contrario todo está en movimiento. Todo el frente está ya ocupado y constantemente las columnas se van uniendo unas a otras, rellenando hasta las últimas grietas y formando un muro gigantesco que, entre el riachuelo y el campo, cierra el camino hacia Farsalia.

Continúa el movimiento en el campo contrario. Ahora la caballería, en densos escuadrones, en una masa innumerable, toma posición cerca del lugar donde está Pompeyo. ¿Cuántos eran, cinco o seis mil? Forman una masa compacta, estrechamente unidos unos a otros, hombres y caballos. ¿Cuántos hay en la otra ala? ¡Ni uno solo!

De pronto, por la mente de César cruza como un relámpago, una idea: he aquí el gran golpe que quiere dar Pompeyo: aquella masa se lanzará sobra la caballería de César. Rechazarla, pues, coger de flanco y de espalda a la décima legión y destruir todo el frente por detrás. Una idea grandiosa, de concepción irreprochable e infalible ejecución. El comandante de esta caballería está delante de la larga fila de cabezas de caballo, montado en uno pío, terco, trepidante, nervioso, que parece querer lanzarse adelante, con todo el empuje, levantando el belfo, olfateando.

César conoce bien aquel caballo pío. ¿No es el mismo que Labieno montó durante todas las batallas de la Galia? ¿Y bajo el yelmo dorado no reconoce acaso el bello rostro frío y la cruel boca de lobo? Labieno quiere recuperar hoy el crédito, combatiendo contra su antiguo maestro y jefe.

¡Pues no será!

La mirada de César recorre las filas de sus legiones. Un gesto, y Polión galopa a su encuentro con su caballo jadeante. Su mirada excitada se calma bajo el imperio de las penetrantes pupilas que le miran.

—La tercera línea de todas las legiones está bajo mi mando personal y atacará únicamente cuando reciba órdenes explícitas. ¡Vete!

Polión se aleja al galope para comunicar la orden al joven Sila, comandante del ala derecha; luego, se dirige al centro y repite la orden a Domicio; después, al ala izquierda, mandada por Marco Antonio, el cual, tranquilo y descuidado, está junto a su caballo y charla con un aspirante. Los soldados de la tercera línea de combate retroceden un poco, ponen lanza y escudo al pie y aguardan estirando los músculos perezosamente.

131

¿Bastará con esto? No. Si Labieno logra envolverles, la reserva llegará demasiado tarde. Hace falta otra cosa que contenga el asalto o que lo torne ineficaz.

¡O que lo haga ineficaz! Un espolón que penetre en la masa cuando ella menos lo espere, que la desvíe de su dirección, que la obligue a volver al lugar de donde ha surgido y...

—¡Hircio!

—¡Imperator!

Ante César se halla el ayudante, sumamente pálido.

—De seis legiones saca una cohorte de cada una; la primera. Estas seis cohortes que se coloquen detrás de nuestra caballería y que esperen mis órdenes personales. ¡Vamos, de prisa!

El nuevo plan está listo. El despliegue de tropas en el campo enemigo parece haber terminado. Largas, largas señales estridentes, señales romanas... ¡Roma contra Roma!

Una presión con las rodillas. El blanco caballo agita la cabeza y se pone en marcha, recorriendo al paso el frente del ejército. Entre la sexta y la decimotercia lo refrena la mano del jinete.

—¡Amigos! Ha llegado el día decisivo. No necesito recomendaros que seáis bravos y valientes, ni aseguraros mi eterno agradecimiento; el enemigo está delante: no hace falta más. Nosotros no hemos querido la lucha; lo hemos intentado todo para evitar que corriese la sangre de nuestros conciudadanos y mantener la paz. Ellos, que nos han obligado a combatir y nos han puesto la espada en las manos, deben aprender ahora que sabemos usarla.

César, con una mirada, abarca los rostros febriles del ejército entero. Otras recomendaciones suben a sus labios, las reprime y súbitamente pronuncia una sola palabra que resuena en todo el frente:

—¡Adelante!

—¡Alalá! —responden todos.

Con los oficiales al frente, la primera y la segunda línea de batalla se arrojan a la carga; con la lanza dispuesta a ser arrojada se precipitan por el leve declive de la colina, contra los pompeyanos.

¿Y éstos no se mueven? ¡No se mueven! ¡Han pensado con astucia! Los soldados de César deben correr al asalto agotados, faltos de aliento, desde el primer momento con desventaja sobre los otros que esperan descansados. Esto no puede ser. ¡Al paso! ¡Al paso!

No fue preciso que César diera la orden. Los bravos soldados, comprendiéndolo por sí mismos, a la mitad de distancia del enemigo se ponen al paso, marchando con mesura en filas alineadas. No faltará el aliento a sus pulmones, los brazos y las piernas conservarán toda su fuerza. La esperanza de los pompeyanos se ha disipado.

Todavía falta un breve trecho. De nuevo, espontáneamente, las tropas de César emprenden la carrera; una descarga de lanzas se cruza en el aire y se lucha ya cuerpo a cuerpo.

Se oye el chocar de escudos, el relampagueo de las espadas. No es nada nuevo. Desde el día de Mitiline tal ola viva de acero ha subido tantas veces y ha bajado otras tantas, que ya no ofrece ninguna sorpresa. ¡Veamos si la antigua habilidad en la esgrima subsiste todavía!

En la masa de caballería, en el ala derecha de Pompeyo, se produce el primer movimiento. ¡Ha llegado el instante crítico! El caballo blanco retrocede hacia la caballería de César.

—¡No les resistáis! ¡Ceded terreno y dejadlos avanzar! ¡Correrán a la trampa!

Ya ha pasado. Ahora está junto a las seis cohortes, febril, los ojos hundidos, pero inmóvil sobre un caballo de batalla también inmóvil.

Los innumerables escuadrones de Labieno avanzan con tal estrépito que hace retemblar el suelo; llevan en alto las largas lanzas, los ojos sedientos de sangre centellean bajo los yelmos de bronce. Chocan contra el pequeño grupo de jinetes germánicos; algunos golpes aquí y allá; luego, la caballería de César vuelve las espaldas y huye.

La caballería de Labieno sigue como si nada hubiera ocurrido. Recorre un corto trecho, se para y empieza una conversión. El espacio entre los caballos disminuye; las secciones se acercan unas a otras, describiendo círculos más o menos anchos alrededor de su puesto.

—¡Ahora, adelante! ¡En medio de ellos!

La espada de César indica a las seis cohortes la masa cerrada, momentáneamente indefensa.

¡Innecesaria excitación! Ya han comprendido. Con un grito estridente, se lanzan adelante acompañados por César. Un centurión se le aproxima.

—¡Imperator!

César mira desde lo alto del caballo y le reconoce.

—¿Tú aquí, Crastino?

—¡Hoy me darás las gracias... vivo o muerto!

Corre adelante; las puntas de acero penetran dentro de la masa de jinetes, comienzan a dividirla, a destrozarla, sembrando el pánico a su alrededor. Por algún tiempo, la aglomeración ondula, cambiando de lugar; luego, los jinetes empiezan a deshacer la fila, algunos, muchos...

¡Todos al fin!

En precipitada fuga, galopan, se dispersan, van hacia las filas de los cesarianos, donde las espadas acaban con ellos; o a las suyas propias, donde siembran el terror y la confusión por la llanura o la montaña.

El flanco izquierdo de Pompeyo está al descubierto y las seis cohortes, apoyadas por la victoriosa caballería germana que ha vuelto llena de entusiasmo y con ganas de batirse, se dispone a continuar la maniobra envolvente. ¡César lleva a cabo el mismo plan que Pompeyo!

¡Pompeyo! ¿Dónde está? Poco antes se le veía en su ala izquierda, cubierto con la fabulosa capa roja de generalísimo, volviendo el yelmo rematado por el penacho de plumas, ora hacia el frente donde se desarrollaba el combate, ora hacia la caballería que atacaba.

¿Es posible? Un jinete solo galopa hacia el campamento de los pompeyanos. Su cabeza ya no la cubre el yelmo; la capa roja hecha jirones flamea pendiente únicamente de uno de sus hombros, y una ráfaga de viento está a punto de arrebatársela; la atrapa al vuelo y la reduce en su mano a una bola que lanza lejos de sí. ¡El general adversario considera perdida la batalla y abandona el campo!

¡Y ahora el último golpe! Una señal, visible desde lejos, y la tercera línea se dispone al ataque. Una segunda, y se lanza hacia delante, irresistible, contra las primeras filas adversarias, atravesándolas, martillea el frente enemigo un golpe tras otro, un golpe tras otro... lo rompe, aquí y allá, lo tritura, lo destroza...

Todavía un instante de vacilación, luego toda la masa enemiga vuelve la espalda y se abalanza hacia el campamento, perseguida por los cesarianos, que enardecidos por la victoria hacen de ella una carnicería espantosa.

César abarca con la mirada toda la escena. Caen los anillos de acero de su preocupación, que oprimían su pecho. El corazón le late ahora con fuerte ritmo. César yergue su persona y vuelve la espada a la vaina.

¡Victoria en Farsalia!

Aunque poderoso, César traslucía la moderación y generosidad con que siempre trató a sus enemigos vencidos.

CAPÍTULO XXI

LA FARSALIA DE LUCANO

El poeta cordobés Marco Anneo Lucano (39-65), sobrino del famoso filósofo Séneca, el malogrado maestro de Nerón, y que había sido educado en la corte de Roma, escribió un largo poema que tituló *La Farsalia* o *Bellum Civile*, en el que la parte culminante del mismo es la descripción de la victoria de César sobre Pompeyo. Con todo, tras la decisiva batalla y la muerte de Pompeyo, la narración continúa con nuevas empresas militares: las de Catón que prosigue la lucha por el ideal republicano en los arenales de África, y las aventuras de César, acechado y sitiado en Egipto. Desconocemos el final que Lucano prefijara a su obra; posiblemente proyectó un extenso relato de las guerras civiles, terminadas con la batalla de Actium y el establecimiento del principado de Octavio Augusto.

Lucano pretende conservar inalterada la memoria del pasado y no olvida ninguno de los hechos importantes: los selecciona, pero nada añade; respecto a ciertos detalles de la obra junto con los *Comentarios sobre la guerra civil* del propio César constituyen las únicas fuentes conservadas sobre el período. Lucano resulta en parte historiador; precisamente, a causa de ello, fue censurado por quienes pretendían para la epopeya la fantástica amplitud del mundo fabuloso y no el rigor del testimonio histórico. Tales críticas, empero, no consiguieron disminuir el éxito de este poema, que ofreció a los eruditos medievales el relato de los hechos de César con la sugestión de una forma poética abundante en sentencias morales y llena de elocuencia.

Una de sus características principales es haber dejado la tradición virgiliana de los temas mitológicos por un hecho histórico. A los componentes religiosos suceden elementos mágicos y de astrología, sin dejar de lado un amplio sentido realista. La obra, en sí, es una continua exaltación de la libertad republicana.

Desgraciadamente, la sed de sangre de Nerón, ordenó a Lucano el suicidio el año 65, acusado de estar comprometido en la conjuración de Pisón con su propio tio Séneca.

CAPÍTULO XXII

MUERTE DE POMPEYO

Los ejércitos de Pompeyo huyeron velozmente en busca de refugio en los montes vecinos, pero César rodeó la montaña y salió al encuentro de los fugitivos que, desparramados por senderos y barrancos, intentaban llegar a Larisa.

César, rapidísimo, cruzando por atajos casi inaccesibles, se presentó ante sus contrarios cuando éstos aún le juzgaban muy retrasado.

Inmediatamente, de las montañas descendió un tropel de soldados, dispuestos a rendirse a César. Pero éste, en lugar de vengarse malignamente, los trató con humanidad, lo que le granjeó el respeto y la admiración de los que hasta entonces habían sido sus enemigos.

En aquel instante, César se reveló no sólo como un valiente y astuto general, sino como un político hábil que no aceptaba el título de verdugo.

Casi todos los soldados se avergonzaron de haber servido a Pompeyo y se pasaron al partido de César, jurándole fidelidad.

Sin perder tiempo, César marchó hacia Larisa, donde se le rindieron otros oficiales pompeyanos. Entre éstos se hallaba Marco Bruto, que gozaba de gran predicamento en Roma. Por él supo César que Pompeyo había dado orden a sus escasos partidarios que se reuniesen con él en Antípolis, por lo que César volvió a ponerse en marcha acompañado de un escuadrón y recorriendo en sólo seis días las ciento ochenta millas romanas que separaban las dos ciudades.

En Antípolis se enteró de que su rival, viéndose perdido y traicionado por sus hombres, se había embarcado con rumbo a Mitilene.

César, entonces, confió a Caleno la pacificación de Grecia, ordenó a Marco Antonio que regresara a Italia con el ejército y él se embarcó para perseguir a Pompeyo hasta conseguir su rendición.

Pompeyo en Egipto

El rival de César, Pompeyo, junto con su fiel esposa Cornelia y varios de sus mejores amigos, se dirigió a Egipto, donde reinaban los hijos de Ptolomeo, Dionisio y Cleopatra. Los dos habían accedido al trono gracias al apoyo que en otro tiempo les prestó Pompeyo y por eso el general huido confiaba hallar en Egipto un refugio seguro, donde rehacer sus tropas y volver a combatir a César.

Pero en la corte egipcia ya conocían el resultado de la batalla de Farsalia, y saber que Pompeyo se disponía a solicitar asilo causó gran estupefacción. Jamás habían pensado en Egipto que el general romano acudiría allí pidiendo auxilio y amparo.

Potino, árbitro supremo de los destinos de la nación egipcia, hizo prevalecer su opinión sobre la de los que deseaban proteger al general romano.

Acoreo, el sumo sacerdote, reconoció la verdad de lo que opinaba Pontino, pero sin embargo, objetó:

—Si no le concedemos a Pompeyo el asilo que solicita, nos exponemos a que se vengue más adelante de nosotros.

Pero Pontino había ya trazado un maléfico plan.

La solución del problema consistiría en brindar hospitalidad generosa a Pompeyo, y una vez en tierra, asesinarlo para liberarse de un enemigo peligroso, ganándose con ello, además, la gratitud y la amistad del vencedor, Julio César.

Muerte de Pompeyo

Pompeyo, desde su galera, cuenta Suetonio, vio cómo el ejército egipcio maniobraba en la orilla. Todos confiaban en que el general romano sería recibido como correspondía a su alto rango, y pensaron que aquel despliegue de fuerzas era para rendirle honores. Después, una embarcación engalanada, con varios personajes a bordo, se acercó a la galera.

—Esto no anuncia nada bueno —murmuró un senador—. Ésa no es forma de recibir al gran Pompeyo.

Pero éste no receló nada. Y poco después llegó la barca en la que se hallaban el general Aquila, jefe del ejército egipcio, y Lucio Septimio, antiguo oficial de Pompeyo; con ellos iban el centurión Salvio y cuatro soldados.

Septimio fue el primero en subir a la galera y saludó a Pompeyo. A continuación, éste recibió el homenaje de Aquila, quien le invitó a trasladarse a la barca. El romano, sin sospechar nada, se despidió de su esposa.

El trayecto de la barca hasta la costa transcurrió en un pesado silencio, que Pompeyo no supo a qué atribuir, y por ello se dirigió amigablemente a Septimio.

—Fuiste mi compañero de armas en otro tiempo ¿verdad?

—Así es —replicó el otro, bajando los ojos—. Luché a tu lado, Pompeyo.

Mientras tanto, Cornelia, desde la galera, seguía el progreso de la barca y así vio cómo al llegar a la costa, todos saltaron a tierra, y cómo se aproximaba un pequeño grupo de cortesanos a rendir pleitesía a su esposo.

Entonces vio, horrorizada, cómo cuando Pompeyo tomaba las manos de Filipo para salir de la embarcación, Septimio le atravesaba con su espada. Aquila y Salvio también atacaron a Pompeyo, el cual, llevándose la toga a la cabeza, cayó muerto.

La galera romana huyó al momento para ponerse a salvo de los egipcios, mientras Cornelia se desesperaba hundida en llanto, al pensar que ni siquiera tendría el consuelo de recuperar el cuerpo de su fiel esposo.

Los *Comentarios sobre la guerra civil* los escribió Julio César en los últimos años de su vida con el propósito de demostrar, cómo, forzado por los adversarios, había tenido que recurrir a las armas. Se proponía incluir en ellos también la guerra de Egipto, Asia, África y España, pero su prematura muerte dejó inconclusa la obra, y lo que hoy poseemos son los sucesos de dos años, el 49 y 48 a. C.

Al parecer, junto con *La guerra de las Galias* iba a formar una sola obra que las vicisitudes personales frustraron. *La guerra civil* es una obra sin introducción ni preámbulo justificador. En forma directa, César nos narra cómo el Senado dictó una orden el año 49 a.C., según la cual se licenciaba al ejército. Inmediatamente demuestra la mala fe de sus adversarios y arenga al ejército que había conquistado la Galia y la Germania y todavía, mientras avanza hacia Rimini, intenta un acto conciliador.

César no podrá impedir el salto a tierras helénicas de su adversario, entre otras cosas, por falta de naves. Lo interesante será entonces asegurarse el dominio de Occidente. Sus tropas se instalarán en Sicilia, Cerdeña y pasarán a África, y él tras una corta permanencia en Roma, partirá para las Galias y, en Marsella dejará a uno de sus lugartenientes de confianza, mientras él en persona se dirigirá a España a atacar a las siete legiones de Pompeyo y sus respectivos generales.

Se consigna entonces la victoria de César en Ilerda (Lérida) y poco a poco las legiones pompeyanas van capitulando, así como las de Marsella. César regresa a Roma y asume el título de Dictador Infatigable, pasará a Brindisi. Vence al enemigo en Orico y Apolonia; pero no en Dirraquio, donde Pompeyo se encuentra prevenido.

César pasa a Oriente y se producirá entonces su decisiva victoria en Farsalia. Pompeyo huye, y es asesinado en Egipto por orden de Cleopatra. César consigue calmar la rencilla entre los dos hermanos reinantes, pero la rebelión de los generales egipcios da lugar a la guerra Alejandrina, narrada por Aulo Hircio, general del dictador.

El estilo de la obra es el mismo que el de *La guerra de las Galias*, si bien la crítica la considera inferior, tal vez por las prisas, por el partidismo o por quedar incompleta en varios puntos. Sin embargo, siendo imparciales, vemos que la técnica es la misma. César narra en tercera persona y coloca al lector ante una pantalla cinematográfica dejando que los acontecimientos «hablen por sí mismos».

CAPÍTULO XXIII

CÉSAR, EN EGIPTO

César llega a Egipto

Cuando César llegó en su nave a Alejandría, los egipcios le aguardaban con la cabeza de Pompeyo en una bandeja. César apartó la mirada de aquel ensangrentado trofeo y prorrumpió en sollozos, exclamando:

—¡Desgraciado Pompeyo, qué mal supiste elegir a tus aliados, cuando de mí, que era tu enemigo, no podías esperar tan inicuo final!

Recogió emocionado el sello del general y ordenó que se le rindieran honores y que llevaran sus cenizas a su viuda.

Los egipcios sintiéronse desagradablemente sorprendidos ante estas órdenes, y la sorpresa se trocó en estupor cuando vieron que César mandaba desembarcar a sus legiones y entraba en Alejandría precedido de sus líctores con las fasces, el símbolo del más alto poder romano que iba a establecerse en una monarquía independiente.

El pueblo gritó amenazadoramente, protestando ante aquella invasión, y aunque César se dio cuenta del tumulto, no le prestó la menor atención, interesado por la belleza de aquella ciudad.

Mientras recorría las rectas y bien trazadas calles de Alejandría, César no pudo por menos que reconocer que la ciudad era mucho más hermosa que aquella Roma orgullosa, pero a la vez tan antigua como tortuosa y desordenada.

El que dominaba medio mundo había acudido reverente a la tumba del gran Alejandro, el hombre cuyas hazañas envidiaba y al que trataba de emular, aunque ya con una considerable cantidad de años en su contra.

Su admiración por la ciudad fue en aumento al ver de cerca el famoso faro, con su enorme espejo que multiplicaba la luz del fuego y advertía a los navegantes nocturnos la proximidad de la capital y la costa egipcia.

Todo en Egipto ofrecía nuevos atractivos a César. Y el menor no fue precisamente aquella inmensa biblioteca, donde se conservaban más de cien mil rollos de lectura, cuidadosamente clasificados y en los que se encerraba todo el saber, toda la ciencia y toda la historia del mundo.

Mas, pese a todo, César se hallaba inquieto, sintiéndose como prisionero de aquellos egipcios intrigantes, que de un momento a otro podían atacarle, colocándole en muy difícil situación.

El puerto está en mis manos —pensaba—, y también el palacio real, pero ¿y si el eunuco ordena que la flota egipcia se sitúe entre el faro y el palacio? ¿Y si Aquilas hace regresar las tropas que tiene destacadas en el desierto para atacar a Cleopatra, mi aliada ya? ¿Cómo podría contenerles con mis escasos barcos y sólo una legión? He de irme de aquí cuanto antes, mas no sin el oro que necesito... Me hacen falta los diez millones que Auletes dejó a deber a los prestamistas romanos, sobre todo ahora, tras comprobar que en el campamento de Pompeyo no había ni cien talentos...

La intranquilidad se apoderó de César, el cual se paseaba de un lado a otro en la sala de palacio que se había reservado para su uso personal.

Sus cualidades geniales le convirtieron en tema preferido de artistas de todos los tiempos.

149

De pronto, apareció un fornido esclavo, sobre cuyos hombros desnudos llevaba un fardo enorme.

—Este tapiz te lo obsequia el rey Ptolomeo.

El romano hizo una seña al esclavo para que le mostrase el regalo. Éste lo dejó en el suelo, y desenrollándolo, apareció Cleopatra con todo el esplendor de su belleza, como una nueva diosa Afrodita. Había sido una estratagema de la que se valió Cleopatra para poder salir de su palacio sin ser vista por los espías de su hermano Ptolomeo Dionisio.

Así se conocieron personalmente César y Cleopatra. Y el deseo anidó en ambos, y un idilio nació entre los dos.

Vini, vidi, vinci

Inmediatamente, César organizó un ejército de espías y confidentes para que le informasen de lo que tramaba sin duda Potino con sus amigos, mientras él intentaba intervenir abiertamente en la cuestión dinástica que enfrentaba a los dos hermanos: Cleopatra y Dionisio, los dos ansiosos de hacerse con el poder.

Mientras César negociaba con los ministros egipcios, el pueblo se sublevó indignado por la arrogancia de los legionarios, e irritado por los crecidos impuestos que se le exigían para satisfacer las apetencias del imperio.

La situación empeoró cuando se murmuró que Cleopatra había convencido a César, usando de sus encantos.

Se dice que Cleopatra era una de las mujeres más bellas de su época, aunque no es menos cierto que tal hermosura debía quedar un poco afeada por una nariz realmente larga para los efectos estéticos que ella se proponía tener.

César, harto de contemplaciones, mandó prender y matar a Potino, que era el cabecilla de la oposición. Pese a ello, no pudo evitar que el pueblo le declarase la guerra, llegando a sitiarle en el palacio real.

César, que no disponía de muchas tropas, mandó pedir refuerzos. Mientras, resistió el asedio hasta la primavera siguiente, cuando llegó la legión treinta y siete, enviada por Domicio Calvino, con víveres, armas y máquinas de guerra.

Con los refuerzos en Alejandría, César salió del palacio y atacó a los egipcios, con lo que se inició una sangrienta batalla en la que sucumbió Dionisio, quedando toda la ciudad ocupada por los romanos.

A principios de aquel verano, César se dirigió a Siria, tras pacificar Egipto por completo.

Durante su estancia allí, Farnaces, hijo del rey del Ponto, aprovechó lo que creyó una ocasión oportuna para invadir Asia Menor.

Entonces, César apresurose a organizar los asuntos de Siria, dejándolo todo después al cuidado de Sexto, y marchó a enfrentarse con los rebeldes en el Ponto y los confines de la Galacia.

En dicha ocasión disponía de un ejército poco eficiente, pese a lo cual se dispuso a presentarle batalla a Farnaces.

La primera y única acción bélica fue contra la ciudad de Zela, donde estaban asentados los reales de Farnaces. Éste desplegó por la llanura sus carros falcados, tirados por cuatro caballos, pero de nada le sirvió. La veterana sexta legión de César rechazó al enemigo y poco después Farnaces huyó de allí a caballo, junto con varios oficiales, todos perseguidos de cerca por los soldados de César.

Sucedió todo con tal rapidez que cuando César escribió al Senado para dar cuenta del resultado de la batalla, lo hizo con la frase que desde entonces se hizo famosa: *Vini, vidi, vinci* («Llegué, vi y vencí»).

Ninguna otra frase podía resumir mejor la grandiosidad de aquella gesta.

CAPÍTULO XXIV

EL REGRESO A ROMA

Mientras tanto, de los amores de César con Cleopatra había nacido un hijo que primero fue llamado Ptolomeo, pero al que más tarde se le impuso el nombre de Cesarión.

Acto seguido, César, habiendo pacificado definitivamente Egipto y teniendo en su trono a Cleopatra, regresó a Roma tras vencer a Farnaces en Zela.

Llegó a Roma en septiembre de 47 a. C., y antes de finalizar el mes volvió a hacerse a la mar en dirección a África, donde Escipión y Catón habían reunido un poderoso ejército. Se produjo una guerra, que finalizó con la derrota del ejército de Escipión en la batalla de Tapso, el 6 de abril de 46 a. C. Catón, no pudiendo defender Utica, se dio muerte.

César regresó, nuevamente, a Roma a finales de julio, convertido en dueño y señor de todo el vasto imperio romano. Sin embargo, siguiendo su costumbre, usó de su victoria con suma moderación y lejos de seguir la conducta de otros vencedores en las guerras civiles, perdonó generosamente a todos los que habían empuñado las armas contra él y declaró que no habría ninguna diferencia entre pompeyanos y cesarianos.

Aquel año tomó una medida ciertamente importante: la reforma del calendario. En efecto, como el año romano llevaba por entonces tres años de adelanto sobre el tiempo real, añadió 90 días a este año, que se compuso así de cuatrocientos cuarenta y cinco días y previno la reincidencia en tales errores para el porvenir, regulando el año por el curso del Sol.

Todo parecía ya pacificado y viéndose libre de enemigos poderosos, pensó formalmente en crear un gobierno estable, una especie de dictadura político-militar, cuyos puntos esenciales serían una gran generosidad para con el pueblo, reformas administrativas para reorganizar los servicios públicos, muy descuidados con las guerras pasadas, y finalmente concibió nuevas hazañas militares que contribuirían al engrandecimiento y gloria de Roma.

La rebelión en Hispania

Para realizar sus proyectos, César necesitaba la ayuda de hombres inteligentes, y para lograrlo, aunque perteneciesen a otros partidos y no al suyo, o hubiese enemigos de la pasada guerra civil, dictó leyes y adoptó medidas prudentes de apaciguamiento que fueron bien recibidas por los conservadores. Pero cuando éstos observaron que César seguía inclinándose hacia el pueblo, volvieron a apartarse de él.

Los proyectos ambiciosos de César sólo podían llevarse a cabo con ingentes cantidades de dinero, por lo que consideró que una expedición contra Persia, donde ya Craso había perdido la vida, era la única salida posible.

Sin embargo, se vio precisado a diferir la marcha hacia Persia, porque Pompeyo el Mozo, hijo del viejo Pompeyo asesinado en Egipto, y Labenio, habían vuelto a levantar la rebelión en Hispania, donde los generales de César eran incapaces de contener a los revoltosos.

Irritado por la nueva guerra civil, César pidió al Senado todos los poderes posibles, recibiendo entonces el consulado único, o sea que se proclamó dictador, y salió de Roma en dirección a Hispania a fin de acabar con los rebeldes.

Los pompeyanos tenían tropas muy mediocres y aunque habían vencido a los generales de César, no se atrevieron a presentar batalla al vencedor de Farsalia y Zela.

Transcurrió aquel invierno en una serie de escaramuzas y asedios a ciudades de escasa importancia. Mas al llegar la primavera, los dos ejércitos se enfrentaron en Munda, y César, que aquel invierno había estado enfermo, dirigió tan mal la batalla, que no sólo puso a sus tropas en trance de ser derrotadas, sino que él mismo corrió el peligro de caer prisionero del hijo de Pompeyo.

Pero con un brío de renovada energía, logró salvarse del desastre y cambió en triunfo lo que parecía una derrota segura.

Mientras tanto, Pompeyo el Mozo se refugió en una cueva, y allí fue asesinado por un traidor, de manera que César consideró arrancada de raíz la posibilidad de que continuara la guerra civil.

Licenció a sus tropas, recompensando a sus soldados con tierras de Hispalis, Tarraco, Cartagena y la Galia narbonense.

Luego, volvió a Roma, donde pronto se convencieron todos de que, a pesar de haber teminado la guerra civil, César no estaba dispuesto a renunciar al poder absoluto y a restablecer los tiempos del viejo esplendor republicano.

Festejos

En Roma se decidió que los triunfos de César se iban a celebrar a su regreso, y que rebasarían en brillantez a todos los precedentes.

César tenía ya en sus manos el mando único y supremo y, en lugar de mostrarse generoso como otras veces, humilde como siempre, aceptó los honores que el Senado y el pueblo le otorgaron hasta llegar a nombrarle dictador perpetuo.

Además, el Senado también le nombró juez supremo y le concedió el derecho a decidir la paz y la guerra, a elegir la mitad de los magistrados, el derecho de llevar siempre una corona de laurel (cosa que según dicen sus mejores biógrafos, pidió él con el propósito de ocultar su pronunciada calvicie), y el manto de púrpura, pudiendo además usar el trono de oro. Como título honorífico, se le designó Libertador y Padre de la Patria, con lo que se asemejó a otro caudillo que debía provocar más de dieciocho siglos más tarde, la independencia de América, el libertador Simón Bolívar.

Pero a César se pretendió convertirle en un semidiós, erigiéndose un templo en honor de Júpiter Julius. Y con motivo de la reforma del calendario, al quinto mes se le llamó Julius en lugar de Quintilius, que era como se le llamaba hasta entonces.

César, por su parte, a su llegada a Roma se dedicó por entero a la preparación de sus triunfos. Tenía cuatro: *ex Gallio, ex Aegypto, ex Ponto* y *ex África*. Entonces decidió celebrarlos separadamente, en cuatro días distintos y utilizando los intervalos para la terminación de los múltiples y complicados trabajos que exigía el programa decidido por él.

Hizo reunir en el cuartel general que estableció en las cercanías de Roma, donde se alojaba de forma provisional en espera del día en que le sería permitida oficialmente la entrada a la ciudad, todos los tesoros y todas las riquezas conseguidas en los países conquistados y enviados en su momento a Roma. El botín entero iba a ser mostrado como trofeo.

Para celebrar el triunfo de las Galias debíanse fabricar todos los accesorios de madera de limonero; para el triunfo de Egipto, la madera debía ser chapeada de escamas de tortuga; para celebrar el triunfo de Ponto se reservó el acanto, mientras que para África se utilizó marfil.

Entonces encargó a los escultores estatuas que debían representar a los principales ríos que señalaron las hazañas de sus legiones.

156

Así, el día señalado para la celebración del primer triunfo, las calles de Roma se encontraban adornadas con guirnaldas. Se concentraban millares de personas que habían llegado de todas partes para celebrar la entrada del dictador.

César entró, de pie, en su carro arrastrado por cuatro caballos blancos adornados con coronas, como el dios Júpiter Capitolino, en cuyas manos entregaría las insignias de su victoria. Iba vestido con una túnica púrpura, con una toga adornada de estrellas de oro, y en la frente llevaba ceñida una corona de laurel, mientras que en una mano sostenía un cetro terminado con un águila y en la otra un ramo de laurel. Por detrás de él, avanzaba el ejército, con los soldados, también coronados y recubiertos de condecoraciones.

El ofrecimiento de Marco Antonio

Después de los festejos, sólo faltaba que las apariencias legales del régimen republicano quedaran borradas por César, nombrándose rey. Y quizá lo hubiese hecho de no comprender que el pueblo sentía horror por la monarquía, sentimiento que se puso de manifiesto en la fiesta de las Lupercales, antigua ceremonia pastoril que era día de regocijo para los romanos, que invadían las calles, gritando y cantando, medio borrachos, en honor del dios Pan.

Se hallaba César sentado presidiendo la fiesta ante la multitud que invadía la plaza. Marco Antonio, que era cónsul, aprovechando que la fiesta se prestaba a toda clase de bromas, se acercó a César y le presentó la diadema real, como queriéndola ceñírsela a la cabeza.

—Toma, César —le dijo—, esto te envía por mi conducto el pueblo romano.

César sonrió y rechazó la corona.

—Sabes, Marco Antonio, que sólo Júpiter es rey y que la corona está mejor en el Capitolio que ceñida a mis sienes.

157

El pueblo vitoreó a César con entusiasmo, pero Marco Antonio intentó dos veces más que César aceptase la diadema. El dictador, sabedor de las intenciones del pueblo, rechazó con energía tal honor, y pidió a sus secretarios que constase en acta el hecho de haber rechazado la dignidad real que el pueblo le otorgaba por medio del cónsul Marco Antonio.

César, en realidad, no necesitaba el título de rey, puesto que era dueño del poder absoluto, y no podía ambicionar nada más.

Los proyectos de César

Lo que sí acariciaba César eran sueños de engrandecimiento de Roma, y grandes conquistas. Mientras preparaba la expedición a Persia, concibió la idea de desviar las aguas del Tíber para sanear las lagunas pontinas. Asimismo, pensaba inaugurar un gran teatro para Roma. Había ofrecido abrir un canal en el istmo de Corinto, abrir también una vía a través de los Apeninos y construir un gran puerto en Ostia.

Además, se le atribuye el intento de reconstruir los dos grandes centros de civilización destruidos por las guerras: Cartago y Corinto, sembrando todo el imperio de colonias romanas.

El pueblo veía con buenos ojos tales proyectos, mas no así los patricios y aristócratas, cada vez más hostiles al dictador.

A los pocos días del intento de Marco Antonio de coronar a César, sus estatuas aparecieron en el Capitolio con la diadema en la cabeza. Los tribunos de la plebe, Flavio y Marulo, las despojaron y arrojándolas al suelo, las pisotearon. Luego, investigaron hasta descubrir quiénes habían saludado a César con el título de rey y los arrastraron a la cárcel entre las exclamaciones de un gentío excitado por los enemigos del dictador.

Su gesto dominante pudo desplegarlo totalmente al regresar de Egipto: era dueño del Imperio.

159

César sintiose ofendido por tal comportamiento y privó de su magistratura a Flavio y Marulo, con lo que la conspiración que ya se fraguaba tomó nuevos impulsos.

Algunos senadores sacaron a relucir el comercio carnal de César con otros hombres tal como lo satirizaban algunos versos e incluso figuraba en boca de sus propios soldados. César respondía a ello con la sorna propia de quien cree que tales habladurías son inevitables. En cierta ocasión, habiendo dicho, «Marcharé sobre las cabezas de mis enemigos», un senador le respondió: «Esto no será fácil a una mujer», a lo que dijo César: «Sin embargo, en Siria reinó Semiramis y las amazonas dominaron gran parte de Asia». Sus contemporáneos le censuraban también que se hiciese depilar, teniéndolo ya en aquella época por costumbre afeminada. El agresivo Curión, el más elocuente de sus amigos de conveniencia y detractores, le llamaba «marido de todas las mujeres y mujer de todos los maridos».

Estos desórdenes no fueron obstáculo para que la Historia registrase, además de las mujeres legales, sus numerosas amantes femeninas, especialmente la famosa Cleopatra. De ella tuvo a Ptolomeo XVI Cesarión. De éste, algunos autores griegos afirman que se parecía físicamente a César, si bien no es de extrañar que en aquel ambiente de segundas intenciones políticas, su adversario, Cayo Oppio, saliese al paso de esta pretensión dinástica escribiendo un opúsculo que se titulaba: «No es hijo de César el que Cleopatra dice serlo.» Cleopatra obtuvo para su Cesarión el título de rey de Egipto. Pero no deja de ser sospechoso que Octavio le hiciese matar después de la victoria de Actium en que había vencido a la reina y a Marco Antonio. ¿Veía en él sólo a un hijo de la reina, o a un hijo de César, cosa quizás aún más peligrosa para él?

CAPÍTULO XXV

LA CONSPIRACIÓN DE CASIO

La partida de César de Roma se había fijado para el 18 de marzo. En realidad, tenía prisa por abandonar la ciudad, ya que los cinco meses que acababa de pasar en ella no le habían proporcionado más que decepciones y sufrimientos. Ciertamente, las apariencias eran gratas a su persona, pero, al mismo tiempo, sentía que a su alrededor empezaban a fraguarse conspiraciones contra su persona.

Por otro lado, su salud no era todo lo deseable que cabría esperar. César se daba cuenta que desde que había dejado los campamentos se encontraba peor: sus ataques de epilepsia iban en aumento. Y no se resignaba a atribuir ese fenómeno al debilitamiento de su organismo debido sobre todo a su edad. Así, se había ido convenciendo de que le sentaba mucho mejor la vida al aire libre que la de la ciudad.

Pero, ciertamente, lo que más quería César por encima de todo era alejarse de Roma por temor a las intrigas en contra de su persona.

César se veía amenazado por todas partes. Una policía privada velaba por su seguridad, y vigilaba a todos sus allegados. Así, hasta Antonio fue señalado como sospechoso, lo mismo que Bruto, pero César no podía creer que aquellas dos personas pudieran conspirar contra él. Sin embargo, ya no estaba tan seguro de Casio.

Éste, Casio, era un joven inteligente, muy ambicioso y de carácter violento, que carecía de base política. La conspiración no fue obra de una doctrina de miras elevadas, puesto que a la misma se unieron gentes de toda condición. Fue una simple reacción contra el poder absoluto detentado por César que, no obstante, no llevó jamás su autoridad a los límites de un Mario o un Sila.

Pero los conspiradores, todos los cuales odiaban a César, no estaban de acuerdo con lo que sería preciso hacer cuando aquél no estuviera en el poder. Sin embargo, sí estaban de acuerdo en una cosa: era necesario eliminar a Julio César.

Cayo Casio era el jefe de los conjurados. Su enemistad con el dictador venía de antiguo, y en el Senado siempre se había mostrado contrario a la concesión de más honores para César.

Los demás conspiradores eran:

— Lucio Minucio Basilio, antiguo amigo de César y pretor el año anterior, que entró en la conspiración para llevar a cabo una venganza personal.

— Tulio Cimber, partidario y confidente de César, cuyos motivos eran iguales a los de Basilio.

— Servilio Galba, también amigo de César.

— Quinto Ligario.

— Domicio.

— Los hermanos Casca.

— Trebonio, gobernador de la provincia de Asia.

— Décimo Bruto Albino, gobernador de una parte de la Galia.

Sin embargo, carecían todos ellos de carisma, y necesitaban a alguien que tuviese una personalidad idealista, alguien que le diese a la conjuración el aspecto justiciero del que carecía.

Y aquel hombre lo hallaron en la persona de Marco Bruto.

Marco Bruto

Marco Bruto era un idealista, en el sentido más amplio de la palabra. Era muy respetado por el pueblo a causa de su austeridad y costumbres irreprochables.

162

Su tradición familiar mantenía vivo el recuerdo de Lucio Bruto y Servilio Abala, famosos por haber liberado a la patria de sendos tiranos en la época en que ellos vivieron.

Para atraer a Bruto a la conspiración, Casio no vio más que un camino seguro: convencerle de que la muerte de César sería un acto cívico, un sacrificio en favor de la patria.

Tras la batalla de Farsalia, Bruto vio cómo las libertades romanas eran sustituidas por el poder de un amo único y absoluto.

Marco Bruto, no obstante, carecía de las dotes o el valor para seguir las huellas de Catón y de Escipión. Por eso solicitó la gracia de César, quien le acogió muy complacido, y accediendo a sus ruegos perdonó a muchos de los miembros del partido enemigo, con lo que Bruto se convirtió en el hombre de confianza del dictador, quien le otorgó el puesto de protector de Roma, e iba ya a ser nombrado cónsul al cuarto año.

Muy astuto, Casio, que comprendió las ventajas que aportaría a la conspiración contar con un aspecto moral si conseguía atraerse a Bruto, hacía aparecer todos los días papiros y mensajes en el despacho del pretor y en los jardines de su mansión, mensajes que decían poco más o menos:

¿Duermes, Bruto? ¡Oh, tú no eres Bruto!
¡Si estuviese despierto, oh, Bruto, no habría tiranos!
¡Faltan hombres como Bruto!

Bruto, orgulloso, poco inteligente en realidad, empezó a pensar que el pueblo precisaba de él, por ser el más severo y juicioso de los romanos, y el único que debía liberar a Roma de la cruel tiranía.

Casio, cuñado de Bruto, le visitaba a menudo, haciendo hincapié en lo mismo que pregonaban los mensajes.

163

Y, de esta forma, Marco Bruto no tardó en asimilar en su mente la idea de que la muerte de César era necesaria para salvar a la República.

Sin embargo, no le resultó fácil a Casio convencer a Bruto, antes al contrario, éste vaciló durante largo tiempo antes de decidirse a entrar en la confabulación.

Mas al fin, determinó escuchar a su conciencia, sin saber que lo cierto era que sólo escuchaba las ladinas insinuaciones de Casio, y asintió, accediendo a lo que de él se pedía: matar a César.

Bruto, tras concertarse con Casio, tal vez no demasiado seguro de sí mismo, se marchó a la mansión del antiguo amigo de Pompeyo, Ligario, el cual estaba enfermo en cama, aunque las noticias que se filtraban desde el exterior le permitían intuir lo que se tramaba en Roma. Cuando Bruto le vio en cama quedose decepcionado.

—Oh, Ligario, se avecinan grandes acontecimientos...

Y cuando Ligario le pidió que hablase con claridad, Bruto le pidió su ayuda, contándole claramente el propósito de los conjurados: asesinar a César.

—¿Puedo contar contigo?

Ligario se comprometió a ayudar a Marco Bruto en todo y por todo. Sabía que Bruto personificaba en Roma la pureza de intenciones, que era el símbolo de todas las virtudes de la República.

Bruto trató entonces de justificar el futuro crimen, aludiendo a la ambición desmedida de César, a su tiranía, a su dictadura no enmascarada.

En realidad, hablaba más para sí que para su oyente. Deseaba a toda costa justificarse ante sí mismo y ante la Historia.

Bruto necesitaba justificar lo que, pese a todo, sabía que no tenía la menor justificación.

Y cuando salió de casa de Ligario estaba convencido de que era él el brazo ejecutor de la justicia de los dioses: él sería quien apuñalaría a César, a pesar de que éste siempre había sido su amigo y protector.

A Marco Bruto el ejemplo paterno lo llevaba al lado de los populares, de los demócratas que estaban contra los aristócratas que con sus riquezas corrompían a los senadores y a los electores de los mismos.

El padre de Bruto había peleado con Mario contra Sila, y luego se había lanzado a la locura de la insurrección que, al día siguiente de la muerte del dictador, había intentado cambiar el régimen de oligarquía senatorial salido de la dictadura.

Había sido sitiado en Módena por las tropas gubernamentales mandadas por Pompeyo, quien aún no contaba treinta años de edad, pero era ya considerado invencible.

Bajo la presión de sus soldados, que estaban medio muertos de miedo y hambre, el padre de Bruto se rindió con toda su guarnición. El vencedor le prometió la vida, pero al día siguiente, en la primera etapa de un camino que pensaba sería el de su salvación, fue estrangulado por la escolta que le habían dado so pretexto de proteger su huida y, en realidad, con la sórdida intención de hacerle desaparecer.

Entonces, el hijo de la víctima, sólo tenía cuatro años. Pero el horror de un crimen tan innoble y pérfido, angustió su infancia, y Bruto creció albergando un odio inmenso contra el asesino, Pompeyo, al que llamaban el Grande.

Cuando Bruto contemplaba a su madre Servilia, a la que interrogaba sobre las hazañas de su familia, cuando escuchaba las conversaciones que ella mantenía con sus parientes, y cuando reflexionaba sobre las lecciones que sus maestros le enseñaban, Bruto sentíase empujado hacia el partido que, poco antes, sólo le inspiraba una profunda aversión.

El abuelo de Servilia había sido el altanero procónsul que después de la derrota de Orange en el año 105 a. C., los tribunos de la plebe, su enemiga, acusaron de alta traición y sólo pudo escapar de la muerte con el destierro, al que partió desposeído de sus derechos civiles y de sus bienes.

El padre de Servilia se enojó con su cuñado, el tribuno Livio Drusus, y cuando este oligarca cayó súbitamente en la demagogia, lo combatió tan furiosamente que, en el año 91 a.C., muchos le imputaron su muerte.

Se divorció entonces de Livia, pero no sobrevivió mucho tiempo a este divorcio.

Livia, vuelta a casar, se llevó a la pequeña Servilia a la mansión de su nuevo esposo, Porcio Cato, y la crió junto con su hermanastro, hijo de las segundas nupcias, cuyo nombre debía simbolizar más tarde la pureza republicana: Catón de Utica.

Bruto, por su madre, no era solamente el heredero de la altiva familia de los Servilio, sino que era sobrino del doctrinario Catón y esperaba casarse con la hija de éste, Porcia.

Bruto tuvo, entonces, que buscar un acuerdo entre dos tendencias irreconciliables, pero no había contado con la pasión que, trastornando toda su lógica, envenenaría su fe.

Viuda del padre de Bruto, Servilia volvió a casarse con un amigo de su hermano Catón, el aristócrata Junius Silanus el cual, designado cónsul en 62 a.C., opinó el primero en la famosa sesión senatorial del 5 de diciembre de 63 a.C., sobre la suerte de los cómplices de Catilina y se pronunció, sin ambages, por la pena capital, cuya sentencia dio Catón con su gran elocuencia.

Y después de haberle dado Servilia a su segundo marido tres hijas, una de las cuales debía casarse con Casio, otro de los asesinos de César, Servilia se separó de Silanus, arrastrada por el amor que experimentaba por el jefe de los demócratas, Julio César.

Si hemos de confiar en un incidente narrado por Plutarco, aquellos amores ya existían dos años antes de la muerte de Silanus, ocurrida probablemente a finales de 61 a.C..

En el transcurso de la sesión senatorial del 63 a.C., un correo le entregó subrepticiamente a César una carta que éste se apresuró a leer.

Catón, dándose cuenta de ello, denunció en términos vehementes la intolerable insolencia de los catilinianos, lo bastante canallas como para enviar en pleno Senado a uno de sus emisarios a César, su aliado.

César se contentó con encogerse de hombros, y por toda respuesta colocó el mensaje bajo los ojos del imprudente Catón: ¡Era un billete de Servilia!

Es posible que la anécdota sea falsa, a pesar de relatarla Plutarco, pero lo cierto es que a finales de 61 a.C., los dos amantes eran libres por completo: Servilia por haber perdido a Silanus y César, que acababa de repudiar a Pompeya, su esposa, pese a considerarla inocente del sacrilegio cometido por Clodio en las fiestas de la Buena Diosa.

Pese a no casarse, pese a que ese amor no pasó adelante, según creen muchos la amistad entre Servilia y César continuó de forma perenne, por lo que no es de extrañar que Bruto se viese cogido entre dos pasiones antagónicas: el amor por su madre y el odio hacia César, el cual, ignorante de los sentimientos de Bruto, y por amor a su madre, le consideraba casi como un hijo.

Este era Bruto cuando Casio le abordó para proponerle el asesinato de Julio César, el amante de su madre.

CAPÍTULO XXVI

LOS IDUS DE MARZO

Al iniciarse el mes de marzo, los conjurados empezaron a poner manos a la obra para la realización de su proyecto. Temían al ejército, que era fiel al dictador, y al pueblo, cada vez más adicto a César.

Por tanto, era preciso efectuar un trabajo de zapa para que cuando César cayese bajo los puñales asesinos, el pueblo lo considerase como un acto pleno de justicia.

Finalmente, Casio decidió que el complot estaba ya bien maduro. Además, no se podía perder tiempo.

El tiempo, en realidad, era su enemigo, pues César tenía espías en todas partes y éstos podían descubrir fácilmente la conjuración.

Por fin, aprovechando que el Senado había sido convocado para los Idus de marzo —el 15 de dicho mes—, en la sala de Pompeyo, los conjurados consideraron que el lugar y el momento eran favorables a su intento, puesto que podrían rodear a César y caer todos sobre él. Los traidores no se atrevían a atacar al dictador dando la cara uno solo.

Un mal augurio

César, que como hemos indicado en aquellos días estaba bastante delicado de salud, fue avisado de que algo se tramaba contra él, y sus amigos le aconsejaron que extremase las precauciones.

Entre éstos se contaba Marco Antonio, quien no cesaba de recomendarle la máxima prudencia.

Pero César desoyó tales consejos con su acostumbrada confianza en su buena estrella, y también en el pueblo que tanto le adoraba.

Pero unos diez días antes de los Idus de marzo, el augur Spurima, después de sacrificar una víctima a los dioses, se dirigió a César con tono solemne:

—Los presagios te son adversos, oh, gran César.

—¿Me amenaza acaso un peligro inminente?

—Sí, César. Y ello ocurrirá antes de que pasen los Idus de marzo. Ten mucha precaución entonces.

Posteriormente, la noche del 14 de marzo, César visitó a su amigo Marco Lépido. Cenaron y charlaron de diversos asuntos, entre éstos qué muerte consideraba cada uno la mejor.

—Para mí —manifestó César—, la mejor muerte es la más rápida y repentina.

Aquella noche, César pasó unas horas muy agitadas, turbado por negros pensamientos. Calpurnia, su esposa, prorrumpió en sollozos, mientras dormía, y al despertar le suplicó a César que no acudiese al Senado.

—Esta noche te he visto en sueños, muerto en mis brazos, esposo mío —le confió—. Consulta con los augures, mas por favor, toma precauciones.

Sin embargo, pese a su valor nunca desmentido, César pidió sacrificios a los augures, y las señales no fueron tampoco favorables para aquel día. Calpurnia, por otra parte, insistió en que no fuese al Senado, y cuando César parecía dispuesto a acceder a aquel deseo, llegó Décimo Bruto, que también formaba parte del grupo de conjurados.

Cuando supo que Calpurnia quería retener a César en casa, temió el fracaso de la conspiración, por lo que recriminó al dictador aquellos temores, calificándolos de «chiquilladas».

En tiempos de paz, César llevó a cabo muchas reformas para el bienestar del pueblo romano.

—César —añadió—, el Senado desea concederte nuevos honores y recompensas. ¿Cómo puedes desairarles?

—Es cierto —convino César—. Debo presentarme ante los senadores. Lo siento, esposa mía, pero el deber me llama.

Y César salió de su mansión, despidiéndose tiernamente de la abatida Calpurnia, que se quedó deshecha en llanto, llena de tristes presagios.

Reproducimos a continuación el extracto de *Las vidas de los césares,* de Suetonio, Libro I. (Probablemente, escrito unos setenta y cinco años más tarde.)

> *Cuando César se sentó, los conspiradores se apretujaron en torno suyo, y Tulio Cimber, que se había puesto a la cabeza de ellos, se acercó como para hacerle una pregunta.*
>
> *Como César, con un ademán, tratase de mantenerle a distancia, Cimber lo asió de la toga por ambos hombros.*
>
> *—¡Pero esto es violencia! —exclamó César.*
>
> *Uno de los Casca, que estaba de pie a su lado, le hundió la daga por debajo de la garganta.*
>
> *César cogió el brazo de Casca y le clavó su cálamo o pluma de escribir antigua, pero cuando trató de incorporarse fue detenido por otra puñalada.*
>
> *Al verse rodeado por todas partes, envolvió la cabeza en la túnica, recogiendo al mismo tiempo los pliegues con la mano izquierda alrededor de sus pies para que la parte inferior de su cuerpo quedase decorosamente cubierta en su caída.*
>
> *Así lo apuñalaron veintitrés veces. Él no pronunció palabra, y sólo se le oyó murmurar ante el primer golpe, aunque ciertos autores han sostenido que, cuando Marco Bruto se le arrojó encima, exclamó en griego:*
>
> *—¿Tú también, hijo mío?*

*Todos los conspiradores se retiraron, dejándole
tendido en el suelo, muerto.*

*Por último, tres esclavos comunes lo metieron en
una litera y lo transportaron a su casa, con un brazo
pendiendo a uno de los lados.*

*Antrítenes, el médico, declaró que de todas las
heridas sólo la segunda, en el pecho, había resultado
mortal.*

El castigo de los asesinos

Finalizado el asesinato, Marco Bruto arrojó lejos de sí el
puñal, tal vez arrepentido ya de su crimen.

Pero todos los demás salieron a la calle para pregonar la
muerte del dictador y tirano, según ellos. El pueblo, no obstante, tras el primer instante de estupor, atacó las casa de los
conjurados y las calles de Roma se tiñeron de sangre.

Marco Antonio, al frente de los soldados amigos de César,
inició la venganza, seguido del pueblo, que acababa de enterarse, tras ser leído el testamento de César, que cada uno de
los habitantes de Roma recibiría trescientos sextercios y que
el bello jardín que él poseía en la orilla derecha del Tíber sería
recreado como parque para uso del pueblo.

La suerte de los asesinos fue la que era de prever.
Perseguidos por las tropas de Marco Antonio y Octavio, fueron derrotados en una batalla. Casio, vencido en Filipos, se
atravesó con su propia espada. Marco Bruto, también derrotado, antes de caer en manos de sus enemigos, se arrojó contra su espada que sostenía un criado.

De esta manera perecieron todos los enemigos y asesinos
de Julio César, que más adelante sería calificado como uno
de los mejores gobernantes y gran caudillo.

EPÍLOGO

LA OBRA DE CÉSAR

El poder de César

Como se habrá podido comprobar a través de la lectura de las páginas precedentes, el poder de César era claramente de origen y carácter militar.

Lo había conquistado y defendido por la fuerza desde el año 49 hasta el 45 a.C., y había sido apoyado por la fidelidad de treinta y nueve legiones en armas, cosa que hasta aquel momento no se había visto nunca.

César, a la púrpura y al laurel del triunfador, que figuran en sus monedas, añadió el título de *imperator*, que sería después el de «emperadores».

Pero su fuerza militar se transmitía por magistraturas civiles, las cuales acumulaba y perpetuaba —la dictadura, el consulado.

Completaban su poder unas extraordinarias prerrogativas: el derecho de decidir la paz y la guerra, el juramento impuesto a los magistrados y senadores de respetar sus decisiones, el poder tribunicio —sin ser tribuno, pues era patricio— que hacía de él el protector del pueblo por excelencia, el autor de los plebiscitos y el regulador del mecanismo constitucional, pues las magistraturas superiores solamente podían ser provistas de titulares en su presencia.

Su poder descansaba, de hecho, sobre una fabulosa riqueza, que había ido acumulando gracias a los botines conquistados, al pillaje de los tesoros públicos y de los templos, a la disposición total de los servicios financieros del Estado y la acuñación en regalía de la moneda de oro.

César, además, ejercía su tutela con diversos títulos sobre todos y cada uno de los órganos estatales, sobre los magistrados, los comicios, el Senado, los gobernadores de provincias, a los que designaba en tanto que dictador o por una autoridad particular... Por otro lado, un grupo de hombres fieles a su persona redactaba para él sus actos oficiales, y transmitía las ideas de César de forma que convencía a las multitudes.

En verdad, no se sabe si César pretendió asegurar su dictadura con la sanción religiosa o más bien asentar su realeza sobre la divinización.

Sumo pontífice desde el año 63 a. C., insistió muchísimo en el origen divino de su familia, y se basó en auspicios y signos divinos, recibiendo el augurado perpetuo —sus auspicios se confundían con los del Estado.

No tuvo bastante con esto sino que se igualó a los dioses a través de la heroización a la usanza griega, colocando su estatua en los templos de dioses.

Por otro lado, algunas cofradías de sacerdotes «julios» celebraban su culto y se consagraban altares a su persona.

Las reformas de César

César, en cinco años, sólo permaneció en Roma algunas semanas, aunque fue tiempo de sobra para trazar las bases del imperio que recibiría, a su muerte, y después de la época del segundo triunvirato, Octavio Augusto.

Desde el punto de vista institucional inventó el consulado *suffectus* —cónsules suplementarios nombrados por algunos meses, o incluso algunos días, de forma interina— que desvalorizaba, de alguna manera, la magistratura.

Aumentó el número de pretores de ocho que había a dieciséis; el de los cuestores, de veinte a cuarenta, y creó unos magistrados «honorarios» por la colación de los ornamenta, que prefiguraba la adlección imperial.

La prefectura de las costumbres implicaba el poder censorial y le confiaba de ese modo el album senatorial: la asamblea pasó de seiscientos a novecientos miembros, lo cual, junto con las vacantes ocasionadas por la guerra civil, le permitió desmantelar la antigua oposición.

También realizó unas reformas de estructura que terminaron con los problemas que la República había dejado en suspenso. Concedió el derecho de ciudadanía a los traspadanos, creó una generosa ley sobre las rentas y las deudas, mantuvo las distribuciones del trigo, aunque limitó a ciento cincuenta mil el número de las personas que tenían derecho a percibirlas, redactó una nueva ley agraria que distribuyó el ager campanus a los padres de tres hijos y preparó la compra de tierras para los pobres y para los veteranos de guerra.

Como obra póstuma, se publicó la ley «Julia Municipalis», la cual se halló entre sus documentos y que organizaba de forma racional el régimen municipal italiano —magistrados y senado locales— preservando la autonomía de las comunidades.

Reemplazó también la antigua explotación de los provincianos por una administración supervisada por medio de impuestos en dinero, cobrados directamente y que eran más fáciles de controlar.

Por todas las partes del Imperio desarrolló la colonización, distribuyendo con dilapidación el derecho de ciudadanía, acelerando, de esta forma, la romanización de las ciudades extranjeras gracias a una amplia visión del destino imperial de Roma.

Haciendo comparaciones con otros grandes hombres, César fue más realista que Alejandro, más universal que Aníbal, aunque igualmente dotado para el arte estratégico, la política y la literatura, con una inteligencia vivaz y una imaginación desbordante. Superó a Napoleón por la amplitud y el alcance de su obra.

Podemos decir, pues, sin dudarlo, que César fue el verdadero creador del imperio romano. Y no podemos predecir hasta dónde hubiera llegado de no haber muerto asesinado a manos de los conspiradores.

Roma después de César

Para terminar, expondremos de forma escueta y resumida, cómo terminó la República romana para dar paso a lo que ya César había iniciado: el imperio romano.

Muerto César, se formó el segundo triunvirato, constituido por su sobrino y herededo, Octavio, su lugarteniente, Marco Antonio y Lépido.

Esta alianza no permaneció secreta como había quedado la del año 60 a. C. Una ley creó para ellos una nueva magistratura, que era como una especie de triple dictadura, la cual encargaba por cinco años la restauración de la República.

El primer objetivo de los triunviros fue vengarse de los republicanos, pereciendo asesinados muchos senadores y destacados personajes, como Cicerón.

Como ya hemos dicho anteriormente, persiguieron después a los responsables del asesinato de César, que habían huido a Grecia.

Una vez muertos Casio y Marco Bruto, se repartieron todo el territorio romano: Occidente para Octavio, Oriente para Antonio y África para Lépido, quedando Italia como zona neutra, reserva común de tropas.

Desde el año 42 a. C. hasta el 32 a. C., los triunviros gobernaron el mundo.

Lépido fue el menos brillante y perdió África en el año 36 a. C., pero conservó el cargo de sumo pontífice.

En Occidente, Octavio se encontró ante graves dificultades: en Italia se organizaban disturbios por doquier, y se encontró con la hostilidad del Senado, pero acabó con ello gracias a sus cualidades personales y a la ayuda de sus consejeros Agripa y Mecenas.

El mismo Octavio recibió en el año 36 a. C. el poder tribunicio, uno de los fundamentos del principado.

Durante esos mismos años, Antonio, que había recibido la mejor parte —Oriente—, rica en recursos y hombres, cedió a los encantos de Cleopatra, y empezó a adquirir la conducta de un monarca helenístico pareciendo convertirse, poco a poco, en el príncipe consorte de la egipcia, la cual esperaba renovar gracias a él los fastos de sus antecesores, los grandes lágidas. Eliminado Lépido, los dos hombres, Marco Antonio y Octavio estaban convencidos de que el Imperio no podía tener dos dueños, y cada uno aspiraba a recoger íntegra la herencia de César. Pero la conducta de Marco Antonio, al lado de Cleopatra, fue aprovechada por Octavio, quien consiguió que el Senado declarara la guerra a Egipto, guerra que le dio ocasión para deshacerse de su rival.

Ambos lados se prepararon para la lucha. Una hábil propaganda resistió en Roma a los proyectos de los amigos de Marco Antonio, arrastró al lodo a la reina lágida y comprometió a su amante, el cual había reconocido en su testamento como heredero suyo a Cesarión, el hijo de César y Cleopatra, y había instituido para sus propios hijos unos infantados que dislocaban el poder romano en Oriente.

La lucha entre aquellos dos hombres ambiciosos parecía ser el conflicto de dos civilizaciones, aunque Marco Antonio conservaba el favor de muchos romanos y el apoyo de legionarios occidentales.

Sin embargo, su flota era egipcia y los reyes orientales le proporcionaban los ejércitos.

En Roma, el triunvirato había concluido en el año 32 a. C., pero Octavio se había hecho prestar juramento de fidelidad por parte de los magistrados y los senadores.

En el combate naval de Actium, el 31 a. C., Octavio resultó victorioso.

Cleopatra huyó y fue seguida por Marco Antonio, quien dejaba abandonado a su enemigo todo un ejército de tierra. Octavio, entonces, ocupó Grecia y Asia y bloqueó Egipto.

Marco Antonio y Cleopatra se suicidaron; Egipto quedó en poder de Roma y Octavio, dueño único del poder.

Este hecho puso fin a la República romana e instauró el imperio, aunque por el momento parecía que nada había cambiado.

Augusto era un hombre superior, irónico y astuto, que conocía el flaco de sus contemporáneos, dominados por prejuicios de tipo político. Sabía perfectamente cuán sagrados eran para su pueblo ciertos símbolos, insignias, palabras y convenciones. No sería él quien se proclamase rey aunque tuviera todo el imperium (mando). Le interesaba esencialmente salvar las realidades y guardar las apariencias. Para lo primero, se atrajo al ejército, dispuesto a reunir en sus manos todos los poderes efectivos del Estado. Con vistas a lo segundo, rehusó erigirse en monarca, limitándose a ostentar títulos de pura cepa republicana y patricia. Finalmente, vaciló antes de realizar lo inherente a la fundación de toda nueva dinastía: hacer hereditario su poder. El hecho de inhibirse del principio hereditario crearía un problema que iba a tener enorme trascendencia no sólo en Roma, sino en los imperios medievales germánico y bizantino.

En cuanto al concepto de monarquía, según Mommsen no corresponde aplicarlo a los emperadores romanos, al menos hasta Diocleciano, siendo más adecuado para el régimen de

La famosa conjuración de los Idus de marzo.

Augusto el término «diarquía» pues los poderes se repartían entre el emperador y el Senado. Por lo tanto, no concuerda con la realidad la designación del imperio dada al nuevo régimen implantado por Augusto. Además, ninguno de sus contemporáneos podía demostrar que Augusto hubiese realizado un «cambio de régimen» en el sentido que nosotros atribuimos a este acto. La naturaleza formalista de la ley romana, creada por los campesinos astutos y no por filósofos, no dejaba ningún resquicio a sus enemigos para acusarle de tiranía. Las instituciones republicanas subsistían en lo fundamental, y si bien estaban destinadas a desaparecer una tras otra, sería por muerte natural, por imponerlo así la ineluctable evolución operada en el transcurso de los tiempos.

A la larga, el sacrificio de César que rápidamente había caminado hacia el poder personal, no había sido estéril. Como un pez que se muerde la cola, Roma volvía, pero con muchísima mayor extensión, a los primeros tiempos de su fundación cuando la más alta magistratura de la nación recaía en una sola persona. En la práctica, la República había sido un episodio intermedio.

CRONOLOGÍA

100 a. C.

— Nacimiento de Cayo Julio César.

98 (?) - 54 (?) a. C.

— Vida de Lucrecio.

91 - 88 a. C.

— Tribunado de Livio Druso en 91. Su muerte provocó la sublevación de los italianos. La «guerra social» no perdió su gravedad hasta 88, con las leyes que extendían el derecho de ciudadanía.

90 (?) - 50 (?) a. C.

— Actividad del escultor Praxíteles en Roma.

89 - 82 a. C.

— Comienzo de la guerra contra Mitrídates que, en 88, hizo pasar a cuchillo a los italianos que se encontraban en Asia y en Delos. Sublevación de

Grecia. Sila recuperó Atenas en 86. En 85 firmó la paz con Mitrídates. Durante su ausencia, los demócratas, con Mario (que murió en 87) y Cinna (que murió en 84), se adueñaron de Roma. Sila regresó con su ejército y, en 82, derrotó a sus adversarios ante Roma.

87 (?) a. C.

— Nacimiento de Cátulo, que murió aproximadamente en 54, y de Salustio, que murió en 35.

81 - 79 a. C.

— Dictadura de Sila; reformas constitucionales promovidas por Sila; construcciones en Roma y Praeneste. Abdicación de Sila en 79.

80 - 71 a. C.

— Guerra en España contra el demócrata Sertorio. Pompeyo le puso fin y pacificó la región pirenaica.

73 - 71 a. C.

— Tercera guerra servil, la de Espartaco. Verres, pretor en Sicilia.

73 - 67 a. C.

— Comienzo de la segunda guerra de Mitrídates, llevada hasta el 67 por Lúculo, a quien la revolución final de su ejército no le permitió conservar el beneficio de sus victorias.

70 a. C.

— Consulado de Pompeyo y de Craso. Proceso de Verres. Derogación de las leyes de Sila. Nace Virgilio, que murió en 19.

67 - 63 a. C.

— Campañas de Pompeyo en Oriente, primero contra los piratas (en el año 67), luego contra Mitrídates (en 66), quien huyó hacia el reino del Bósforo cimerio, donde murió en 63. Pompeyo recorrió Armenia, Siria, la cual anexionó y organizó en provincia, en 63, y Palestina, donde también en 63 tomó Jerusalén.

63 a. C.

— Consulado de Cicerón; elección de César como sumo pontífice; conjuración de Catilina; nacimiento de Octavio, quien sería emperador con el nombre de Augusto.

61 a. C.

— Regreso de Pompeyo a Roma; César, gobernador de la España Ulterior, después de su pretura del año 62.

59 a. C.

— Gracias a su acuerdo (primer triunvirato) con
Pompeyo y Craso, César fue elegido cónsul; pro-
clamación de la ley agraria; se hizo atribuir las
provincias de la Galia. Nacimiento de Tito Livio
(posiblemente en 64), quien falleció en 17 d.C.

58 - 51 a. C.

— Conquista de la Galia independiente por César; a
finales de 53, revolución general bajo la dirección
de Vercingétorix; en el año 51, final de la resistencia en Uxellodunum. Durante este tiempo, se
producen disturbios en Roma.

55 a. C.

— Después de la renovación del triunvirato, el
segundo consulado de Pompeyo y Craso.

53 a. C.

— Craso es vencido y muerto por los partos en Carras.

49 a. C.

— Guerra civil y dictadura de César.

48 - 47 a. C.

— Paso del Rubicón; batalla de Farsalia; muerte de
Pompeyo en Egipto; César llega a Alejandría;

encuentro con Cleopatra; César permanece en Egipto hasta la primavera del año 47.

46 - 45 a. C.

— Victoria de César en Tapso (África); muerte de Catón en Utica; permanencias de César en Roma; cuádruple triunfo de César; reforma del calendario. En 45, victoria de César en Munda (España).

44 a. C.

— 15 de marzo (Idus de marzo): muere asesinado Julio César.

ÍNDICE